차례

머리말 ... 6
경제·금융교실 프로젝트 안내장 ... 8

PART 1 돈

① 우리가 직접 돈을 만든다고요? ... 12
② 소중한 내 돈, 어떻게 써야 하지? ... 20
③ 축! 다이써 가게 OPEN! ... 30
④ 우리 반 공무원은 나야 나! ... 40

PART 2 금융 제도

① 우리 반에 은행이 생겼어요 ... 54
② 저축도 하고, 돈도 빌리고! ... 64
③ 공무원 VS 아르바이트생 VS 무직자 ... 80
④ 믿음을 평가하는 제도가 있다고요? ... 90
⑤ 상속 제도, 이건 좀 억울한데요! ... 102

PART 3 사업

① 오늘부턴 나도 사장님! ... 120
② 저요, 저요! 일자리 구해요 ... 128
③ 여러분, 우리 사업에 투자하세요! ... 136
④ 도전! 동학년 창업 박람회 프로젝트 ... 146
⑤ 금융으로 교실을 잇다! ... 164

PART 4 부동산

❶ 이 자리 찜! 내가 살래요　　　　　　　　182
❷ 그 자리, 나한테 팔지 않을래?　　　　　　192
❸ 임대료가 너무 비싸잖아!　　　　　　　　202

PART 5 기부

❶ 우리 반을 위한 특별 기금을 모아요!　　　212
❷ 아름다운 마무리, 함께 기부해요　　　　　222

활동지
PART 1_돈	이력서	233
PART 2_금융 제도	중앙은행 장부, 쑥쑥 저금 통장(저축 장부)	234
PART 3_사업	사업 계획서	236
PART 4_부동산	매매 계약서, 임대차 계약서	237
PART 5_기부	기부왕 표창장	239

머리말

최근 경제·금융 교육에 대한 선생님들의 관심이 무척 높아졌습니다. 교육뿐만 아니라 경제인으로서 투자와 재테크에 대한 관심도 높아진 것 같고요. 그 이유를 생각해 보면, '영끌(영혼까지 끌어 모아 대출)'이라는 단어에 함축된 것처럼 경제·금융이 선생님들의 삶에 큰 영향을 미친다는 사실을 몸소 느끼고 있기 때문이 아닌가 싶습니다.

열심히 돈을 모아도 큰돈을 마련하기 어려운데, 각종 매체에서는 우리보다 앞서 재테크 공부를 시작하여 투자에 성공한 사람들의 모습을 보여 줍니다. 그들에 대한 부러움은 자연스레 '나는 미리 경제·금융 공부를 하지 않고 뭐 했지?', '왜 나는 어렸을 때 경제·금융을 제대로 배우지 못했을까?' 하는 자기반성과 불만으로 바뀌곤 하지요. 그리고 이러한 자기반성은 공부의 동기가 되고, 교육에 대한 불만은 우리 반 아이들에게 경제·금융을 제대로 가르쳐 주고 싶다는 사명으로 이어진 듯합니다. 그래서인지 최근 들어 경제금융연구회에서 7년 전에 개발하여 운영해 온 '경제·금융교실' 프로젝트를 실천하는 선생님들도 부쩍 많아졌습니다.

경제·금융교실은 이론과 개념 중심의 경제·금융 교육을 탈피하기 위한 고민과 노력으로 만들어졌습니다. 실제로 초등학생의 특성에 맞게 놀이와 체험 중심의 활동으로 구성하였지요. 더불어 수업 시간뿐만 아니라 쉬는 시간, 점심시간, 심지어 방과 후 시간까지 학교에서 생활하는 모든 시간에 경제와 금융 지식을 자연스럽게 체득할 수 있는 프로그램입니다. 우리 반 만의 교실 화폐를 만들고, 직업 활동을 하며 돈을 벌어 세금도 내고, 우리 반 가게에서 소비 활동을 할 수도 있습니다. 심지어 창업, 부동산, 기부까지 경험해 보면서 다른 경제·금융 교육 프로그램보다 더 다양하고 의미 있는 교육의 기회를 제공합니다.

하지만 경제금융교육연구회에서 제공하는 매뉴얼만 보고 경제·금융교실을 실천한 선생님들의 이야기를 들어보면, 다양한 변수들이 발생할 때마다 어떻게 대처할지 몰라 애를 먹는 경우가 많았습니다.

선생님들께 도움을 드리고자, 이 책에 경제·금융교실의 실천 방법을 상세하게 담았습니다. 각종 연수에서 선생님들이 주신 질문에 대한 설명을 추가하여 궁금증을 풀어 드리고자 했습니다. 또 경제·금융교실을 진행하고 싶어도 프로젝트의 덩치가 너무 커서 엄두가 나지 않는다는 선생님들의 부담을 덜어드리고자 '선택 활동'을 따로 표시해 두었습니다. 필수 활동 중심으로 진행하되, 교실의 여건에 따라 선택 활동은 취사선택하여 운영하실 수 있습니다.

경제·금융교실을 진행해 본 선생님들은 아시겠지만, 교실에 돈이 풀리고 경제 활동이 시작되면 학생들의 눈빛이 살아나는 마법 같은 일이 일어납니다. 또 전혀 예상치 못한, 당황스럽고, 재미있고, 꼭 기록해서 알리고 싶은 사건들도 발생합니다. 그래서 우리 반 학생들의 생생한 반응과 시행착오가 담긴 이야기도 이 책에 담았습니다. 학생들의 반응과 이야기를 보면서 아직 경제·금융교실을 경험하지 못한 선생님들은 이 프로젝트에 대한 기대와 동기를 키울 수 있습니다. 경험이 있는 선생님들은 경제·금융교실에서 일어나는 문제들을 슬기롭게 해결하는 실마리를 찾을 수 있을 것입니다. 그리고 경제·금융교실에 조금만 익숙해지면, 선생님들이 금세 자신의 생각을 담은 재미있고 창의적인 활동을 개발하여 경제·금융교실을 발전시켜 나가실 것입니다.

이 책이 경제·금융 교육을 희망하는 선생님들에게 도움이 되었으면 좋겠습니다. 그리고 앞으로 창의적이고 유익한 경제·금융 교육 프로그램을 개발하는 선생님들이 더욱 많아졌으면 좋겠습니다. 무엇보다 우리 아이들이 학교에서 경제·금융에 대해서 많은 것을 배웠다고 자신 있게 말할 수 있었으면 좋겠습니다.

경제·금융교실 프로젝트 안내장

안녕하세요. 달구쌤의 경제·금융교실에 오신 여러분을 환영합니다.
본격적인 수업에 들어가기 전에 아래 보이는 안내장을 소개합니다.
저는 교실에서 경제·금융교실 프로젝트를 운영하기 전에 학부모님과 아이들에게 다음과 같은 내용이 적힌 안내장을 먼저 나누어 줍니다. 이를 통해 교실에서 경제·금융교실 프로젝트를 운영하는 목적과 이유를 쉽게 알리고, 1년간 교실 생활에서 이뤄질 다양한 프로젝트 수업을 수월하게 진행할 수 있습니다.

▶ **목표: 모으고 나누며 함께하는 즐거움 느끼기**

이 활동을 하는 목적은 앞으로 여러분이 생활하면서 자신이 가지고 있는 돈을 잘 파악하고 관리할 수 있도록 하기 위해서입니다. 돈을 저축하고 수입 및 지출 내역을 계산하며 앞으로 들어갈 비용을 잘 계획하는 것은 돈을 잘 정리하는 것에서 시작합니다. 경제·금융교실의 다양한 활동을 체험해 보면서 자신이 가진 돈을 잘 파악하고, 현명하게 사용하면서 관리하기를 바랍니다.
지금부터 시작될 여러분의 경제·금융 생활을 응원합니다.

▶ **활동 안내**

1. 여러분은 앞으로 일주일마다 임금을 받습니다.
2. 여러분은 학생이므로 공부하는 것에 대한 '기본 학습 임금'이 있습니다.
3. 성실함에 대한 '더하기 임금'과 게으름에 대한 '벌금'이 있을 수 있습니다.
4. 여러분은 직업을 선택하고 일을 해서 임금을 받을 수 있습니다.
5. 직업은 교실에서 필요한 일이 제시된 목록에서 선택할 수 있습니다.
6. 사업 단계에서는 목록에 없는 직업을 새롭게 만들 수도 있습니다.

7. 모든 임금에는 세금이 부과됩니다.

8. 세금은 복지비로 활용됩니다.

9. 각자 자신이 받은 임금과 지출한 돈을 생활 공책의 가계부에 기록합니다.

10. 열심히 활동하여 모은 돈으로 혜택권을 사거나 경매에 참여할 수 있습니다. 이것은 본인의 노력에 대한 선물이지만, 더 중요한 것은 여러분 자신의 성장이라는 것을 기억하세요!

11. 중간중간 경매와 복권 등 다양한 이벤트가 있을 것입니다.

▶ **경제 활동**(화폐 단위와 크기는 교실마다 다르게 정할 수 있습니다.)

수입	• 학습 임금: 일주일에 500원 • 경제·금융교실 프로젝트를 위한 직업 활동을 할 때: 함께 정한 임금을 받음. • 신용 등급이 높으면 임금 혜택을 받을 수 있음. • 사업 단계에서 다양한 가치를 창출하면 많은 수입을 얻을 수 있음. • 방과 후 교실에 남아서 자신의 부족한 공부를 30분 이상 할 때: 100원 • 다른 학급이나 학교에 수출할 때 많은 부를 창출할 수 있음. • 그 밖에 그때그때 필요에 따라 수입 창출을 위한 사업이 있을 수 있음.
지출	• 자리 임대료: 하루 100원 • 점심 식비: 하루 100원 • 혜택권: 간식, 각종 쿠폰 구입을 위한 혜택권을 팔 것임. • 경매: 선생님과 친구들 물건을 경매 등의 방법으로 구입할 수 있음. • 교실 알뜰 장터: 장터에서 책정하는 가격에 따라 다름. • 친구들이 하는 사업의 재화와 서비스를 구입할 수 있음.

PART 1

돈

❶ 우리가 직접 돈을 만든다고요?
❷ 소중한 내 돈, 어떻게 써야 하지?
❸ 축! 다이써 가게 OPEN!
❹ 우리 반 공무원은 나야 나!

 금융 제도

 사업

 부동산

 기부

① 우리가 직접
돈을
만든다고요?

활동1 화폐 단위 정하기

활동2 화폐 크기 정하기

활동3 화폐 도안 디자인하기

활동4 화폐 결정하기

활동5 화폐 발행하기

활동6 사용 다짐하기 〔선택〕

*이야기 선생님, 친구한테 돈 줘도 돼요?

경제·금융 활동에 꼭 필요한 것은 무엇일까요?

네, 바로 돈입니다. 경제·금융교실 프로젝트를 실시하기 위해서도 돈이 꼭 필요한데요. 지금부터 이 돈을 교실에서 사용하는 돈이라는 의미로 '교실 화폐'라고 부르겠습니다.

물론 선생님이 적절한 화폐를 디자인해서 학생들에게 나누어 줄 수도 있겠지만, 학생들이 직접 화폐를 디자인해 보고 회의에서 교실 화폐를 선정하는 것이 훨씬 좋습니다. 화폐의 의미도 살펴볼 수 있고, 만드는 과정을 체험해 볼 수 있으며, 무엇보다 교실 화폐에 대한 애착이 생기기 때문입니다.

그러면 지금부터 저와 함께 교실 화폐를 만드는 과정을 알아볼까요?

활동1 화폐 단위 정하기

먼저 사용할 화폐의 단위를 정합니다.

우리나라의 원, 미국의 달러, 유럽의 유로, 일본의 엔, 중국의 위안 등 세계 여러 나라 화폐의 단위를 살펴보면서 교실에서 사용할 화폐 단위를 떠올리다 보면 참신하면서도 재미있는 의견이 많이 나옵니다.

봉(봉곡초 학생들), 톨(학급 상징이 도토리), 보석(학급 이름이 보석반) 등 학급의 특색을 살려 단위를 정할 수도 있고 학생들의 관심과 흥미에 따라서 창의적으로 정할 수도 있습니다.

참고로 우리 반 학생들은 토의 끝에 화폐 단위를 '캔'으로 정했습니다. 우리 반 학생들은 특이하고 재미난 아이디어를 좋아해서 뭔가 독특한 느낌이 드는 '캔'을 선택했다고 하네요. 우리 반 나라 이름인 '환타국'과 잘 어울리기도 하고요.

활동2 화폐 크기 정하기

화폐 단위를 정했으면 다음으로 화폐의 크기를 정합니다. 1, 5, 10, 50, 100, 500, 1,000, ······. 생활에서 사용하는 돈의 크기에 따라 100, 500, 1,000, 5,000을 화폐 크기로 정해 사용할 수도 있고 학년에 따라 조정할 수도 있습니다. 저학년은 1, 5, 10, 50, 100 혹은 10, 50, 100, 500으로 사용하는 것이 셈하기 쉽습니다. 고학년은 1만 원, 10만 원, 100만 원과 같이 화폐 크기를 크게 사용하여 현실감을 느끼게 할 수도 있습니다.

하지만 화폐 크기를 크게 사용하면 계산에 실수가 잦아져 개인적으로는 10, 50, 100, 500 정도의 크기를 사용하는 것을 권장합니다. 이후 금융 제도 단계에서 이자를 계산할 때 고학년 학생은 물론 저학년 학생들도 쉽게 계산할 수 있습니다.

활동3 **화폐 도안 디자인하기**

 화폐 단위와 크기가 정해지면 화폐의 도안을 디자인합니다. 물론 바로 자유롭게 디자인할 수도 있지만 몇 가지 학습을 하면 교육적 효과를 훨씬 더 높일 수 있습니다.

 세계 여러 나라의 화폐 속 인물이나 문화재, 건물이나 장소 등을 살펴보면서 나라별 문화, 역사, 상징을 배울 수 있습니다. 그리고 새로운 화폐가 만들어지는 과정을 학습함으로써 화폐 제작 과정도 알게 됩니다.

 화폐 도안을 디자인할 때에는 학급의 상징을 테마로 정하거나, 학생들의 캐릭터, 동물, 꽃 등 다양한 그림으로 디자인할 수 있습니다. 또 화폐 도안 디자인은 미술 시간을 이용하여 할 수도 있고 과제로 제시할 수도 있습니다. 시수가 부족하면 화폐 디자인 공모전을 개최하셔도 좋습니다.

> **저학년 수업을 진행하신다면?**
>
> 저학년 학생과 화폐 도안을 디자인할 때에는 기본 틀을 제공해 주세요. 고학년 학생은 이미 화폐가 익숙하기 때문에 백지를 제공해도 어느 정도 틀을 갖춘 화폐를 제작할 수 있지만, 저학년 학생은 아직 화폐에 대한 개념이 부족하여 숫자조차도 빠뜨리는 학생들이 있기 때문입니다.

활동 4 ## 화폐 결정하기

화폐 디자인이 완성되면 여러 작품 중에서 앞으로 사용할 교실 화폐를 선정합니다. 바로 투표를 해도 되지만 조금이라도 교육적 효과를 높이기 위해 약간의 과정을 더 둘 수도 있습니다.

저희 반은 토의 학습 때 많이 사용하는 의사 결정 학습 모형을 활용했습니다. 학생들과 교실 화폐가 갖추어야 할 요소(선명함, 상징성, 창의성 등)를 3~4가지 정도 정하고 그 기준에 따라 토의를 거친 후 점수를 매깁니다.

그러고 나서 스티커 등으로 선택을 하게 하여 각 요소별로 가장 많은 표를 받은 화폐를 교실 화폐로 선정합니다. 기준을 정해 두고 교실 화폐를 결정하게 하면 단순히 친한 친구의 작품을 선택하거나 예뻐서 선택하는 경우가 줄고, 여러 요소를 고려하여 선택하는 모습을 볼 수 있습니다.

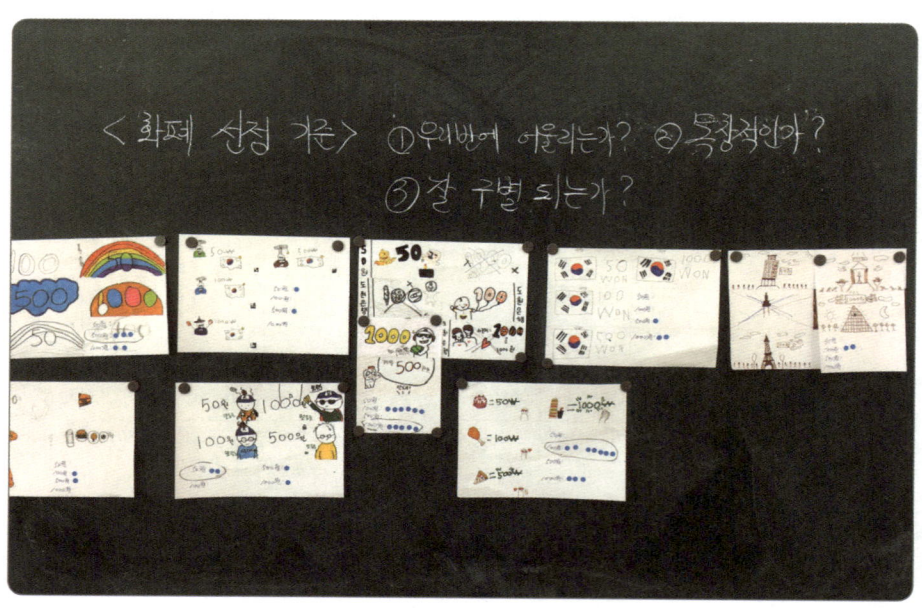

활동 5 화폐 발행하기

　화폐 도안을 편집할 때 테두리 여백이 남지 않게 하면 자를 때 편리합니다. 그리고 A4 크기를 6분할 하면 실제 1,000원과 크기가 거의 같아서 현실성이 있습니다. 12분할을 하면 작아서 귀여운 느낌이 나고 종이를 아낄 수 있습니다.

　이미지 파일을 한글 문서에 삽입하여 인쇄할 때 단면 인쇄보다는 양면 인쇄를 추천합니다. 더 실제 돈 같은 느낌이 납니다. 화폐를 컬러로 인쇄할 수도 있지만, 사실 배경이 하얀색이면 크게 구별이 되지 않기 때문에 A4 색지를 이용하여 흑백으로 인쇄하는 것을 추천합니다. 화폐 권종 구분이 쉬워서 사용하기 편합니다.

 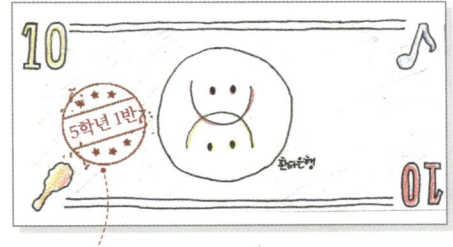

달구쌤 Tip

교실 화폐에 조금 더 권위를 부여하고 싶으시다면 학급 도장을 찍는 것도 추천합니다. 실제 화폐처럼 도장을 찍으면 위조 화폐를 방지할 수도 있고 학생들도 훨씬 더 좋아합니다.

활동 6 사용 다짐하기 〔선택〕

한국은행법 제53조의2(주화의 훼손 금지) 조항에는 "누구든지 한국은행의 허가 없이 주화를 다른 용도로 사용하기 위해 융해 또는 분쇄해선 아니 된다."라고 규정하고 있으며, 제105조의2(벌칙)에선 "위 조항을 위반했을 경우 1년 이하 징역이나 1천만 원 이하의 벌금에 처한다."라고 명시하고 있습니다.

교실 화폐는 모두가 사용하는 재산이므로 화폐를 훼손하면 처벌을 받는다고 설명합니다. 또한 앞으로 교실 화폐를 소중하게 다루기로 약속하고 서약서를 써서 교실에 게시하거나 공책에 붙여서 보관합니다.

교실 화폐 사용 다짐

5학년 1반

저희는 함께 만든 교실 화폐를 지키기 위해
아래와 같이 다짐합니다.

하나. 교실 화폐를 구기거나 찢지 않겠습니다.
하나. 교실 화폐를 반드시 돈 봉투에 보관하겠습니다.
하나. 교실 화폐를 습득하면 주인을 찾아 주겠습니다.
하나. 교실 화폐를 항상 사랑하고 아끼겠습니다.
하나. 친구들이 약속을 지킬 수 있도록 서로 돕겠습니다.

※ 위의 다짐을 하나하나 꼼꼼히 읽고
아래에 자신의 이름을 적고 지장을 찍어 주세요. ※

(지장) (지장) (지장) (지장) (지장) (지장)
(지장) (지장) (지장) (지장) (지장) (지장)
(지장) (지장) (지장) (지장) (지장) (지장)

이 수업이 더 궁금하시다면?
달구쌤 영상 보러 가기 ▶

선생님! 친구한테 돈 줘도 돼요?

교실에서 돈을 사용한다는 건 학생들 입장에서 무척 신기한 경험이기 때문에 학생들의 호기심과 상상력을 불러일으킬 수 있습니다. 그러면서 자연스럽게 다양한 질문들이 이어집니다.

선생님, 돈을 만들고 나면 이제 교실에서 쓸 수 있어요?

당연하지. 그러려고 돈을 만드는 거니까.

그러면 과자나 장난감 같은 것도 살 수 있나요?

장난감은 모르겠지만 과자는 사고팔 수 있게 학급 가게를 만들 거야.

우아! 그러면 친구와 거래도 할 수 있어요?

당장은 아니지만, 가게에서 사고파는 일이 익숙해지면 친구들끼리도 물건이나 서비스를 사고팔 수 있게 될 거야.

선생님, 그러면 친구한테 제 돈을 줘도 돼요? 작년 담임 선생님은 다른 친구한테 칭찬 스티커를 주려고 하니까 안 된다고 하셨거든요.

화폐와 칭찬 스티커는 서로 유사한 점이 있습니다. 어느 정도 수를 모으면 다른 상품과 교환이 가능하니까요. 그래서 위와 같은 질문을 하는 학생도 있습니다.

저는 교실 경제를 운영할 때 학생들의 자율적 활동을 최대한 보장하는 것을 추구하므로, 친구에게 돈을 주는 일도 허용하는 편입니다. 하지만 저학년의 경우 순간적인 감정으로 돈을 주고 나서 다시 돌려 달라고 떼를 쓰기도 하고, 친구에게 돈을 지나치게 요구하는 경우도 있으므로 아이들이 자제할 수 있도록 지도해야 합니다.

❷ 소중한 내 돈, 어떻게 써야 하지?

활동 1 생활 속 수입과 지출 찾기 [선택]

활동 2 교실 속 수입과 지출 정하기

활동 3 수입과 지출 항목별 가격 정하기

*이야기 급식비 냈으니 더 잘 먹어야지!

활동 4 공무원 고용하기

활동 5 경제 활동 시작하기

활동 6 가계부 작성하기

  돈을 만들었으면 이제 그 돈을 사용해야겠지요?

  돈은 들어오고 나가면서 계속 돌고 돌게 만들어야 합니다. 이렇게 돈을 유통하기 위한 활동이 바로 '수입과 지출'입니다.

  교실 전체로 볼 때 '수입과 지출'은 돈을 유통하게 하지만, 학생 개개인에게는 돈을 벌고 쓰는 경험을 제공하여 학생들로 하여금 돈을 버는 즐거움을 느끼고, 돈을 관리할 수 있는 능력을 기르게 합니다.

  지금부터 경제 생활을 이루는 가장 기본! '수입과 지출'의 개념을 배우고, 우리 반에서 할 수 있는 '수입과 지출' 항목을 정하는 활동을 해 봅니다.

활동 1 생활 속 수입과 지출 찾기 〔선택〕

학생들과 수입과 지출의 의미를 살펴봅니다.

수입의 사전적 의미는 '개인, 국가, 단체 따위가 합법적으로 얻어 들이는 일정 액의 금액'이고, 지출의 사전적 의미는 '어떤 목적을 위하여 돈을 지급하는 일' 입니다.

학생들에게는 아래와 같이 구체적인 예시를 들어 수입과 지출의 의미를 좀 더 쉽게 알려 줄 수 있습니다.

- 수입: 월급, 이자, 투자 수익 등
- 지출: 장보기, 옷 구매, 외식 등

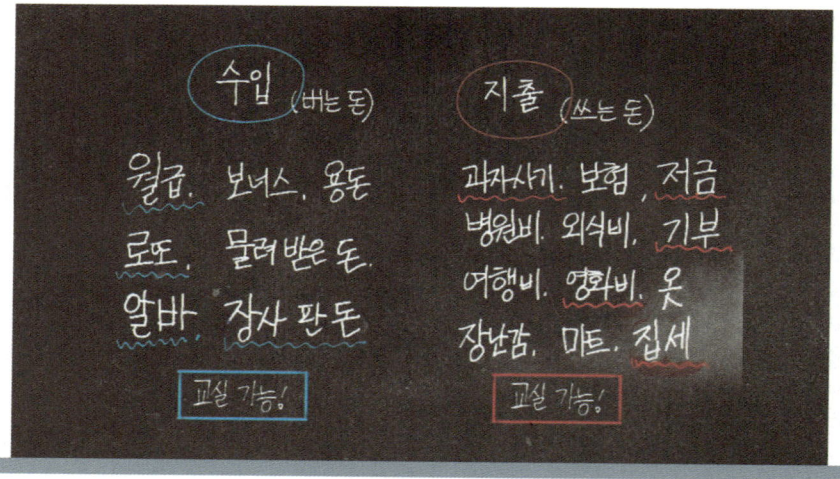

달구쌤 Tip

학습 능력이 부족한 학생들은 수입과 지출의 의미가 어렵고 복잡하게 느껴질 수 있습니다. 이런 학생들을 위해 정리 단계에서 수입이란 '돈을 버는 것', 지출이란 '돈을 쓰는 것'이라고 짚어 주면 좋습니다.

활동 2 # 교실 속 수입과 지출 정하기

앞에서 살펴본 수입과 지출의 의미를 바탕으로, 앞으로 교실에서 어떤 수입과 지출을 만들지 생각해 봅니다.

학생들에게 교실에서 어떻게 돈을 벌고 무엇에 돈을 쓸지 물어보면 자연스레 '1인 1역할로 돈 벌기, 친구들에게 과자 팔아서 돈 벌기, 숙제 잘하면 돈 주기, 청소 잘하면 돈 주기, 과자 사기, 학용품 사기, 혜택권 사기' 등 다양한 대답을 할 것입니다.

학생들에게 기본적인 수입과 지출부터 시작할 것임을 알려 주고, 기본적인 수입은 기본임금, 그리고 기본적인 지출은 세금과 임대료가 될 것이라고 안내합니다.

먼저 기본임금, 세금, 임대료의 의미와 의의를 설명해 줘야 하겠죠? 아래와 같이 설명하면 학생들이 쉽게 이해할 수 있습니다.

기본임금	• 자신의 직업인 학생으로서 학교에서 공부하고 생활하며 자신의 역할을 하는 것에 대한 급여입니다.
세금	• 모든 국민은 국민을 위해 봉사하고 다양한 시설을 설치하는 정부를 유지하기 위해 세금을 납부합니다. • 학생들 역시 자신들을 위해 공부도 가르쳐 주고, 교실 안의 다양한 물건도 제공해 주고, 전기 등도 사용하게 해 주는 학급 정부를 위해 세금 납부의 의무가 생깁니다.
임대료	• 현재 학생들의 자리가 학급 정부의 소유이기 때문에 정부에 임대료를 내야 합니다.

> **달구쌤 Tip**
> 만약 학생들에게 좀 더 다양한 고정 지출 항목을 알려 주고 싶다면 지출 항목을 세금, 임대료뿐만 아니라 식비 등으로 더 세분화할 수도 있습니다. 임대료 부분을 설명할 때에는 이후 부동산 단계에서 자리의 소유권이 학급 정부에서 학생에게 넘어가므로, 이에 대한 설명도 덧붙이면 좋습니다.

활동 3 수입과 지출 항목별 가격 정하기

　교실 속 수입과 지출의 각 항목에 대한 물가를 안내합니다. 성인을 대상으로 하는 재무 설계 서적을 보면 보통 총수입에서 고정 지출이 1/3 정도 되는 것이 적당하다고 합니다. 이에 따라 학급에서도 총수입의 1/3가량을 세금과 임대료로 잡으면 좋습니다.

　제가 가장 많이 쓰는 가격은 기본임금 500원(일단 여기서는 단위를 '원'으로 이야기함), 세금 100원, 임대료 100원입니다.

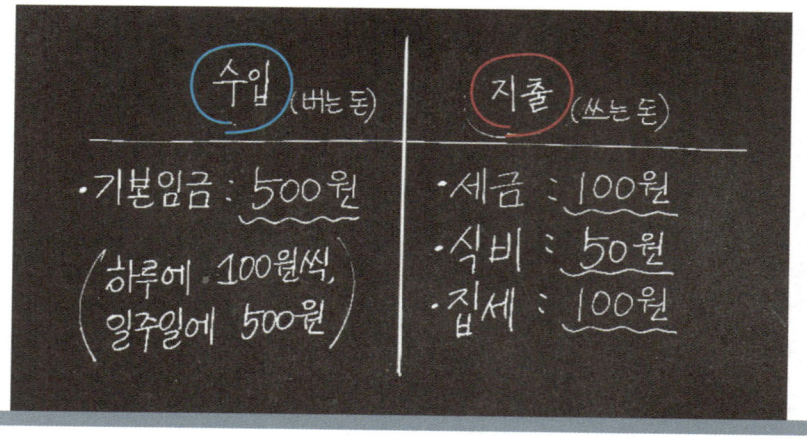

　간혹 현실적인 느낌을 주기 위해 임금과 세금, 임대료의 단위를 몇십만 원으로 사용한 적도 있었지만, 추후 경제 활동이 복잡해지면 고학년도 계산하는 것을 너무 어려워하고 시간이 많이 걸려 말씀드린 규모를 애용하고 있습니다.

　학급에서의 수입과 지출 항목의 기준은 선생님의 생각대로 변형하여 사용하시면 됩니다.

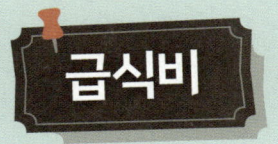 냈으니 더 잘 먹어야지!

경제·금융교실 프로젝트를 하다 보면, 아이들은 기본임금을 받는 것은 아주 좋아하고 세금을 내는 것은 학교에 다니고 있으니까 그런대로 수긍합니다.

그런데 집세와 식비 이야기를 하면 어떤 반응이 나올까요?

> 선생님, 그럼 바닥에 앉아서 공부하면 집세를 안 내도 돼요?

> 급식비는 저희 부모님이나 나라에서 지원해 주는데 왜 우리가 또 내요?

평소 수학 시간에는 멍한 얼굴로 "네…?"라는 대답만 하던 아이들도 이런 문제에는 엄청 예리합니다. 아무래도 자신의 돈이 걸려 있는 문제다 보니 순순히 넘어가지 않습니다. 그래도 거기에 화를 내거나 짜증을 내면 지는 겁니다. 되려 더 능글맞게,

 바닥에 앉아도 그 공간을 네가 쓰니까 거기에 대한 집세를 내야지. 그리고 돈을 내면서 급식을 먹으면 급식이 더 소중하게 느껴질 걸! 벌기만 하면 재미없어. 쓰기도 해야 재미있지.

이렇게 이야기하다 보면 아이들도 어느새 수긍을 합니다.

드디어 점심시간이 되었습니다. 아이들의 표정이 괜히 더 비장합니다.
선혜는 "본전을 뽑아야 해!" 하고 외치며 밥을 두 그릇이나 먹었고, 평소 급식을 남기던 예준이도 "남기니까 괜히 아깝네."라고 혼잣말을 하더군요. 역시! 일상의 소중함은 눈에 보여야 조금이라도 느껴지나 봅니다.

활동 4 공무원 고용하기

본격적인 경제 활동을 시작하기 위해서 꼭 필요한 직업이 있습니다. 바로 재정 공무원과 세무 공무원입니다.

재정 공무원은 선생님이 맡겨 놓은 학급 통장에서 친구들에게 매주 한 번씩 기본임금을 지급해 주는 역할을 합니다. 더불어 학급 정부의 모든 수입과 지출을 학급 가계부에 정리하는 역할까지 하게 됩니다.

세무 공무원은 매주 한 번씩 모든 친구에게 세금을 걷고 이를 재정 공무원에게 전달하는 역할을 합니다.

이 두 직업은 선생님이 그 역할을 하실 수도 있지만 학생들에게 역할을 맡기는 방식을 추천합니다.

경제·금융교실 프로젝트에서는 이 외에도 여러 직업이 계속 생기는데, 학생들에게 의미 있는 진로 체험의 경험을 제공하기 위해서 이력서 작성, 면접 등의 과정을 통해 해당 학생을 선발하면 좋습니다. 이 과정에서 생생한 취업의 과정을 체험해 볼 수 있기 때문입니다.

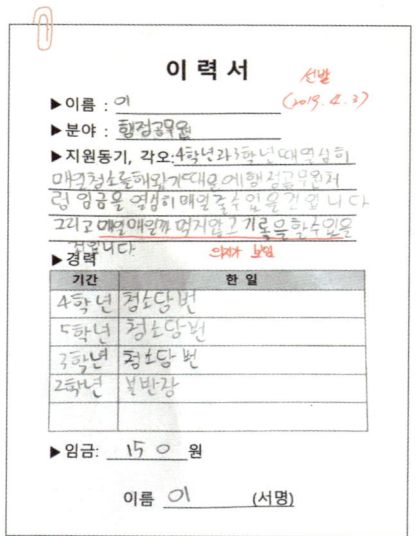
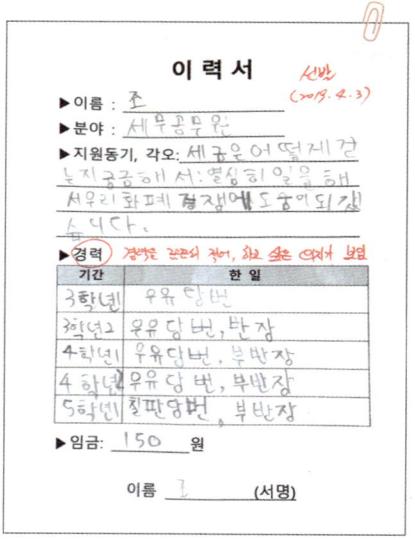

활동 5 경제 활동 시작하기

이렇게 기본임금을 지급하고, 세금과 임대료를 걷는 역할을 할 공무원 고용이 끝나면 본격적인 경제 활동을 시작할 수 있습니다.

보통 매주 월요일에 기본임금을 지급하고, 금요일에 세금과 임대료를 거두면 좋습니다. 같은 날 수입과 지출 활동을 하면 기본임금에서 세금과 임대료를 뺀 금액만 달라고 하는 아이들이 있기 때문이죠.

첫 임금을 받은 후에는 첫 임금 일기도 써 볼 수 있습니다. 처음으로 임금을 받은 설렘과 앞으로 임금을 어떻게 쓸 것인지 등의 다짐을 써 보게 합니다.

> 2019년 4/8
> 주제: 첫 임금
>
> 첫 임금을 내가 나한테 임금을 받았다.
> 내가 나한테 임금을 받는게 조금 신기했다.
> 내가 왜 나한테 받았냐면 내가 임금을 주는 재정공무원이기 때문이다.
> 앞으로 매주 월요일에 우리반과 나에게 내가 임금을 줄 것이다.
> (임금: 500원)

> 2019. 4. 8 (월)
> 주제: 첫 임금
>
> 오늘은 처음으로 재정공무원한테 임금을 받았다. 임금으로 500원 받았다. 적은 돈이라서 좀 그랬지만 처음으로 받는거라 설레기도 했다. 앞으로는 돈을 많이 벌어서 돈을 진짜 중요한 데만 쓰고 아껴 써야 겠다고 생각했다. 하이팅!

❷ 소중한 내 돈, 어떻게 써야 하지?

활동 6 가계부 작성하기

수입과 지출 활동을 하는 중요한 이유 중 하나는 바로 자신의 자산을 관리할 수 있는 능력을 기르기 위해서입니다. 이 능력을 기르기 위해 해야 할 가장 첫 번째 과정이 바로 가계부 작성입니다. 용돈 기입장으로 불러도 괜찮지만, 조금 더 어른스러운 느낌을 주기 위해 가계부라고 명명하고 있지요.

모든 수입과 지출 활동을 가계부에 기록하고, 반드시 실제 가진 돈과 가계부 상의 잔액이 일치하도록 꼼꼼히 관리하는 습관을 길러 줘야 합니다.

간혹 자기 관리가 되지 않는 학생들은 가계부 작성도 차일피일 미루다 계산 결과가 맞지 않는 경우가 생기는데, 가계부를 꼼꼼히 작성하는 연습을 시키면서 자기 관리 능력을 길러 줄 수 있습니다.

아직은 학생들이 가계부의 수입과 지출 항목을 크게 헷갈려 하지 않지만, 은행이 나오면 저축을 수입으로 헷갈려 하는 친구들이 종종 있습니다. 따라서 가계부 작성 방법을 설명할 때부터 이를 예시로 들어, 현재 나의 지갑으로 돈이 들어오면 수입, 돈이 나가면 지출이라고 설명해 주면 좋습니다.

 저학년 수업을 진행하신다면?

> 저학년 학생들과 '수입과 지출' 활동을 하다 보면 가계부 작성 방법을 익히는 데에도 교사의 지도가 필요한 학생들이 많습니다. 내역을 적는 것부터 무엇이 수입이고 무엇이 지출인지 이해하지 못하는 학생도 많기 때문에 개별 지도가 필요할 때가 있습니다. 따라서 저학년 학생들이 가계부를 정확히 작성하게 하는 일은 쉽지 않으며, 학생과 교사 모두에게 스트레스일 수 있습니다. 따라서 저학년은 가계부를 정확하게 작성하는 것보다는 가계부를 작성해 보는 것 자체에 초점을 맞춰서 운영하시는 것이 좋습니다.

이 수업이 더 궁금하시다면?
달구쌤 영상 보러 가기 ▶

③ 축! 다이써 가게 OPEN!

활동 1 재화와 서비스 마련하기

활동 2 학급 가게 이용 규칙 만들기 [선택]

활동 3 판매 가격 매기기

*이야기 컵라면과 소시지, 진작 사 먹을 걸!

활동 4 학급 가게 판매원 고용하기

활동 5 학급 가게 개시하기

　매주 기본임금을 받고 세금과 임대료를 내고 나면, 저희 반 기준으로 학생들은 300원씩 개인 재산을 갖게 됩니다. 처음에는 개인 재산이 생긴 것에 대해 학생들은 매우 기뻐하지만, 몇 주만 지나도 그 기쁨이 금방 사라져 버립니다. 개인 재산 300원이 600원, 900원이 된다고 해도 그 돈으로 아무것도 하지 못하면 쓸모가 없기 때문이죠.

　돈을 버는 것만큼 중요한 것이 바로 소비! 그래서 개인 재산으로 즐거움(효용 가치)을 느낄 수 있는 소비 활동이 반드시 필요합니다.

　이번 수업에는 '학급 가게'가 등장합니다.

　학생들은 맛있는 과자도 사 먹고, 혜택권도 구입하면서 소비의 즐거움을 만끽합니다. 아이들은 어떤 혜택권을 원했을까요? 교사는 학생들이 제안하는 모든 혜택권을 허용할 수 있을까요?

활동1 재화와 서비스 마련하기

오늘은 우리 반 학급 가게, '다이써 가게' 오픈 날!
학급 가게를 만들려면 먼저 가게에서 팔 재화와 서비스를 마련해야겠죠?

재화와 서비스를 구비할 때에는 소비자인 학생들의 기호와 의견을 최대한 반영하는 것이 좋습니다.

브레인스토밍으로 학생들이 자유롭게 의견을 발표하여 아이디어를 모읍니다. 학생들의 아이디어는 여러 가지 기준(인기, 안전성, 현실성, 도덕성 등)을 고려하여 선별합니다.

저희 교실에서는 재화를 '과자'로 정하고, 학급 가게에서 판매할 과자를 선정하기로 했습니다. 우선 학생들에게 먹고 싶은 과자를 자유롭게 발표하거나 쪽지에 적게 한 다음, 학생들이 추천한 과자를 칠판에 적었습니다. 그리고 하나씩 살펴보면서 몇 명의 학생이 그 과자를 좋아하는지 인기투표를 했습니다.

물론 몇 표 이상 받을 경우에 구매할지, 아니면 몇 등 이상만 구매할지는 학급 특성에 맞춰 정하면 됩니다.

혜택권(서비스)도 학생들과 함께 정할 수 있습니다. 학급에 이미 선생님이 정해 놓은 쿠폰이나 혜택권이 있다면 이를 포함할 수 있지만, 무엇보다 학생들의 요구는 학생들이 잘 알기 때문에 학생들의 의견을 반영하여 정하는 것이 좋습니다. 인기가 많아야 나중에 판매도 잘 됩니다.

학생들이 자유롭게 의견을 발표하면 이를 칠판에 적고, 현실 가능성과 도덕성(교육적인지, 문제점은 없는지 확인)을 고려하여 발급할 수 없는 혜택권을 걸러 냅니다.

저희 반의 경우 숙제는 반드시 해야 하는 필수 사항이기 때문에 '숙제 면제권'은 제외했지만, 대신 '선택 숙제 면제권'을 만들어 선생님의 허락에 따라 일부 숙제를 면제받을 수 있는 혜택권을 만들었습니다.

또 '직업 휴가'라는 혜택권도 나왔지만 휴가 시 다른 친구를 또 고용해야 하는 번거로움이 있기 때문에 제외했습니다.

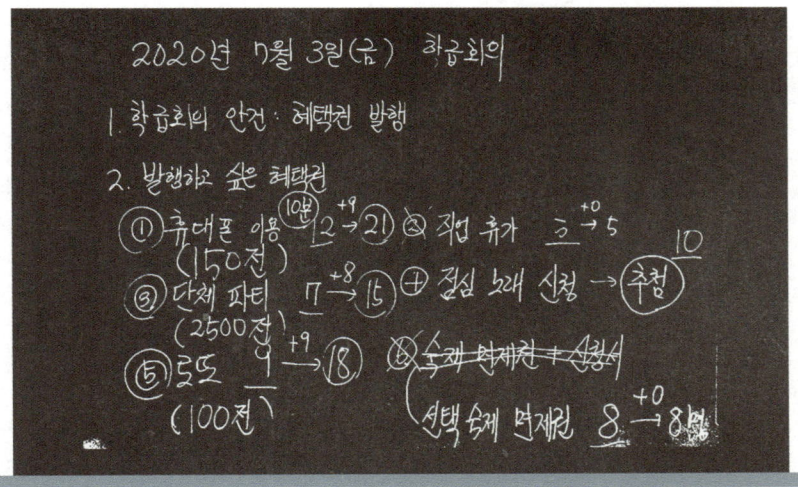

달구쌤 Tip

* 요즘은 안전한 먹거리에 대한 관심이 높기 때문에 실과 시간 등을 이용하여 건강한 간식에 대해 학습하고 과자를 선정하는 것도 좋습니다.
* 혜택권을 만들 때 처음부터 완벽하게 만들 필요는 없습니다. 처음에는 아직 감을 잡지 못해 혜택권을 조금만 만들었더라도, 프로젝트를 운영하면서 중간중간 혜택권을 더 추가할 수 있습니다.

활동 2 학급 가게 이용 규칙 만들기 〔선택〕

학급 가게 이용 규칙도 정할 수 있습니다.
과자와 혜택권으로 발생할 수 있는 여러 가지 문제를 예상해 보고, 그 해결책으로 학급 가게 이용 규칙을 만들어 보았습니다.

이용 규칙

1. 과자를 먹을 때는 제자리에 앉아서 먹습니다.
2. 쓰레기는 반드시 쓰레기통에 버리되, 지키지 않는 사람은 벌칙으로 청소를 합니다.
3. 점심 노래 신청은 1인 1곡을 원칙으로 하되, 신청한 사람 수가 적을 때는 여러 곡을 신청할 수 있습니다.

가게를 운영하는 시간도 약속합니다. 학생들의 요구가 반영된 만큼 가게 이용률은 매우 높습니다. 상시 개장을 할 경우 교사나 가게 관리를 맡는 학생의 업무가 과중될 수 있고, 점심시간 이전에 과자를 너무 많이 먹으면 점심에 지장이 있을 수 있기 때문에 가게 이용 시간과 횟수에 제한을 두었습니다.

활동 3 판매 가격 매기기

과자와 혜택권의 가격도 책정해 봅니다. 판매 가격은 교실의 물가를 고려하여 정할 수 있습니다. 학생들에게 각각의 재화와 서비스를 판매한다면 얼마만큼의 가격을 책정할 것인지 이야기하여 합리적인 기준을 마련합니다.

물론 학생들은 자신의 한정된 재산으로 최대한 과자를 많이 사 먹고 싶어 해서 처음에는 낮은 가격을 원합니다. 하지만 합리적 소비 습관을 기르기 위해서는 일주일에 과자 1~2개 정도만 먹을 수 있게 가격을 정해야 한다고 안내하면 조금씩 합리적인 가격을 찾아갑니다.

다른 방법으로는 학생들의 수요와 공급에 따라 자연스럽게 형성되는 시장 가격을 이용할 수 있습니다. 1차 판매량을 정해 놓고, 매진되면 그 제품의 가격을 단계적으로 올리는 방법입니다. 일정 기간 판매가 되지 않은 제품은 가격을 내리기도 합니다.

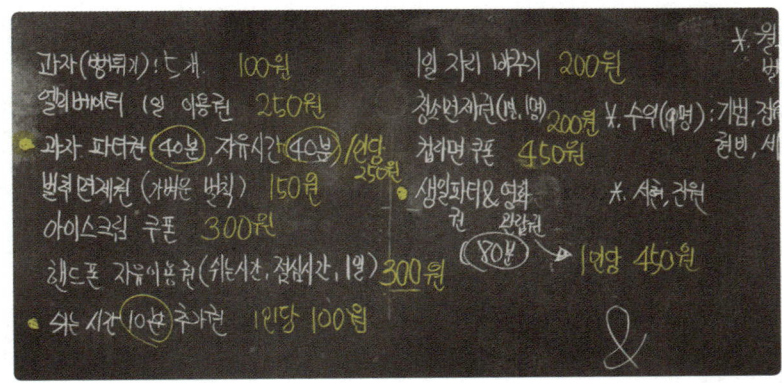

달구뺌 Tip

만약 학생들에게 세금 공부를 시키고 싶다면 부가 가치세를 부과할 수도 있습니다. 현실에서는 이미 부가 가치세가 포함되어 물건의 정가가 책정되지만, 프로젝트에서는 판매되는 가격의 10%를 부과하여 계산합니다. 예를 들어 500원에 부가 가치세 10%인 50원을 추가하여 550원에 구입하도록 함으로써 부가 가치세를 더 잘 이해할 수 있게 합니다.

이야기

컵라면과 소시지, 진작 사 먹을 걸!

20○○년 ○월 ○○일 ○요일

오늘은 무척 기분이 좋지 않다. 왜 돈을 모아야 하는지 회의감이 든다.
나는 내가 먹고 싶은 간식 안 먹고 참은 다음 한꺼번에 잔치를 벌이려 했다.
조금씩 쩨쩨하게 먹느니, 푸짐하게 먹고 싶었기 때문이다. 그런데 라면과 소시지 가격이 오늘 200캔씩 올랐다. 갑자기!
내가 저 두 개를 한꺼번에 먹으려고 3주를 참았는데 일기를 쓰는 지금도 화가 난다. 400캔을 모으려면 3일을 모아야 하는데 그 사이에 또 가격이 오르면 어찌해야 할지 걱정이다.

위의 일기는 우리 반에서 가장 돈을 많이 아끼던 학생이 쓴 것입니다. 일기에도 나온 것처럼 컵라면과 소시지가 '보이지 않는 손'에 의해 가격이 급격하게 올랐는데, 이를 지켜보면서 그 학생은 괜히 열심히 저축을 했다며 상실감을 느꼈다고 합니다. 지난주에는 2,000캔에 모두 구입할 수 있었던 상품들이 200캔씩 가격이 오르다 보니 "진작 사 먹었으면!" 하고 후회가 된 것입니다. 위 일기를 활용하여 학생들에게 인플레이션과 이에 따른 상실감에 대해서 설명해 주었습니다.

여러분, 컵라면과 소시지 가격이 일주일 만에 200캔이나 올랐죠? 이런 현상을 두고 '인플레이션'이라고 합니다.
컵라면과 소시지의 가격이 오르다 보니 지난주에 사 먹지 않은 친구들이 많이 후회하고 있죠? 재화나 서비스의 인기가 많아지면 어쩔 수 없이 가격이 올라가기도 하지만, 가격 인상으로 사람들의 불만이 쌓이면 사회적으로도 좋지 않습니다. 따라서 정부는 인플레이션이 많이 발생하지 않도록 노력한답니다.

활동 4 학급 가게 판매원 고용하기

효율적인 가게 운영을 위해 일자리를 만들 수도 있습니다. 학급 가게 판매원은 과자와 혜택권 정리 및 판매, 장부를 작성하는 역할을 수행합니다.

경제·금융교실 프로젝트를 하면서 꾸준히 바쁜 직업이 바로 학급 가게 판매원입니다. 가게 운영이 힘들긴 해도, 재미가 있어서 학생들 사이에서 인기가 많은 직업입니다.

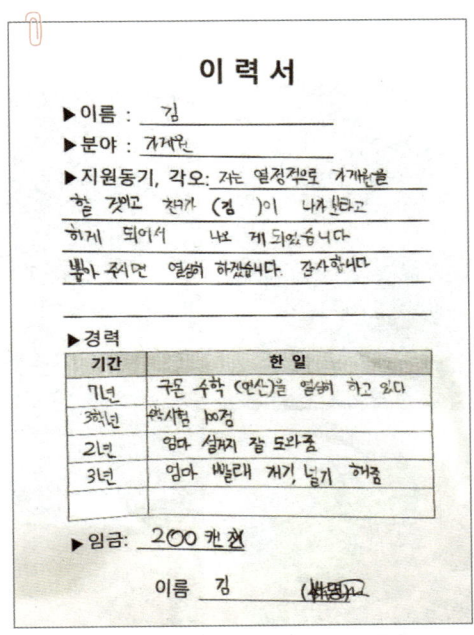

🐤 저학년 수업을 진행하신다면?

학급 가게를 운영하기 위해서는 재화도 전시를 잘 해야 하고, 재고 물건도 잘 확인해야 하고, 친구들이 물건을 구입했을 때 장부에 기록도 잘 해야 합니다.

이처럼 생각보다 많은 역할을 해야 되기 때문에 저학년 학생들에게 학급 가게 판매원 역할을 맡기기가 쉽지 않습니다. 그래서 저학년과 함께 프로젝트를 운영하실 때에는 학급 가게는 선생님이 직접 운영하되, 똑똑하거나 관심이 많은 학생 한 명을 보조(인턴)로 고용하면 좋습니다. 보조(인턴)를 고용했다면 서서히 맡은 역할을 늘리면서 수습 기간이 지나면 정식 학급 가게 판매원으로 고용해도 좋습니다.

활동 5 학급 가게 개시하기

　학급 가게 판매원을 고용했으면 학급의 한 공간을 활용하여 과자와 혜택권을 전시하고 판매를 시작합니다.

　아마 첫날에는 많은 학생이 몰려서 학급 가게 판매원이 애를 먹을 것입니다. 하지만 시간이 지나면 이용 횟수가 급격히 줄기 때문에 크게 걱정할 필요는 없습니다. 걱정이 된다면 첫날에는 단기 아르바이트를 고용하여 학급 가게 판매원을 도와주도록 하는 것도 좋습니다.

이 수업이 더 궁금하시다면?
달구쌤 영상 보러 가기 ▶

4 우리 반 공무원은 나야 나!

활동1 학급 공무원의 종류와 하는 일 알기

활동2 학급 공무원 고용 안내하기

활동3 이력서 작성하기

활동4 면접 보기

활동5 더 많은 일자리 창출하기 [선택]

활동6 추가 임금 책정하기 [선택]

*이야기 직업 임금도 주셨으면 좋겠습니다!

　경제·금융교실 프로젝트는 복잡한 경제·금융 시스템을 단순하게 변형하여 교실에 적용하는 프로젝트입니다. 초등학생 수준에 맞도록 경제·금융 시스템을 최대한 쉽게 변형하긴 했으나, 여전히 복잡한 부분이 있습니다. 만약 선생님 혼자서 프로젝트 운영을 A부터 Z까지 다 한다고 하면 너무 힘이 드실 것입니다. 그래서 반드시 도우미 학생들이 필요합니다.

　경제·금융교실 프로젝트에서는 도우미 학생들을 '학급 공무원'이라고 부릅니다.

　학급 공무원은 선생님을 돕기 위해 필요하기도 하지만, 한편으로는 학생들이 직업을 체험해 보는 기회가 됩니다. 학생들은 다양한 직업을 가상으로 체험해 봄으로써 자신의 적성을 찾을 수 있습니다. 그럼 지금부터 우리 반 공무원을 어떻게 선발하는지 살펴보실까요?

활동1 학급 공무원의 종류와 하는 일 알기

경제·금융교실 프로젝트의 '돈' 단계와 '금융 제도' 단계는 경제·금융 시스템을 만드는 과정입니다. 시스템을 구축하고 운영하려면 다른 단계보다 더 많은 학급 공무원이 필요합니다.

우선 '돈' 단계에서는 앞서 소개한 것처럼 재정 공무원, 세무 공무원, 학급 가게 판매원이 필요합니다. 이 직업들의 역할을 다시 한번 짚어 볼까요?

재정 공무원	• 학급 정부의 곳간을 책임지는 공무원 • 선생님이 교실 화폐를 만들어 건네주면, 친구들에게 각종 임금과 상금 등을 전해 주고 이를 꼼꼼하게 장부에 정리함.
세무 공무원	• 매주 금요일마다 친구들에게 정해진 만큼의 세금과 임대료를 징수함. • 세금 납부 내역을 장부에 기록하고, 세금 미납자에게 세금을 받아 재정 공무원에게 전달함.
학급 가게 판매원	• 학급 가게에서 과자와 혜택권을 정리하고, 친구들에게 판매함. • 재고가 없을 때는 선생님께 말씀드려 재고를 채울 수 있게 관리함. • 물건을 팔 때마다 장부에 정리하고, 번 돈은 재정 공무원에게 정기적으로 전달함.

'금융 제도' 단계에서는 은행원과 신용 평가원이 생깁니다. 이들은 학급 은행이 설립되면 선생님을 도와 교실 화폐를 발행하게 됩니다. 은행원과 신용 평가원의 역할은 다음과 같습니다.

은행원	• 발행한 화폐 중 일부를 재정 공무원에게 전달하기도 하고, 친구들에게 저축과 대출 서비스를 제공함. • 친구들이 저축을 하면 저축한 금액에 맞춰서 일주일 후 원금과 이자를 돌려 줌.
신용 평가원	• 친구들에게 신용 평가지를 나누어 주고, 친구들이 답한 결과를 바탕으로 신용 평가 등급을 매겨 신용 평가 현황판에 게시함.

이 외에도 '부동산' 단계에서 필요한 학급 공무원이 있습니다. 부동산 단계에서는 부동산의 소유권이 학급 정부에서 학생들에게 넘어가고, 학생들끼리도 부동산 거래가 가능해집니다. 이때 소유권을 정리하기 위해 부동산 등기가 이루어지는데 이 역할을 '부동산 관리원'이 하게 됩니다.

> **달구쌤 Tip**
> 경제·금융교실 프로젝트를 하며 선생님의 생각에 따라 다양한 직업을 만들 수 있습니다. 예를 들어 가계부 관리가 잘 안 되는 친구들을 위해 세무 공무원에게 친구들의 가계부 정리 도우미를 맡길 수도 있지만, '재무 관리 공무원' 등의 새로운 직업을 만들 수도 있습니다.

활동 2 학급 공무원 고용 안내하기

프로젝트의 새로운 단계가 시작되고, 새로운 학급 공무원이 필요해지면 학생들에게 안내를 합니다.

오늘부터 학급 가게가 생깁니다. 그래서 학급 가게를 관리하는 학급 가게 판매원을 고용하려고 합니다.

① 학급 가게 판매원은 과자와 혜택권을 보기 좋게 전시하는 역할을 합니다. 물건이 다 팔린 경우에는 선생님에게 얘기해서 물건을 채우고, 물건을 팔 때마다 대금을 장부에 잘 적어서 돈 관리까지 해야 하지요.

② 아무래도 평소 정리 정돈을 잘하고 좋아하는 학생, 나중에 자신만의 가게를 차려서 사업을 해 보고 싶은 학생들이 하면 좋을 것 같습니다.

③ 희망하는 사람은 선생님한테 와서 이력서 용지를 받아 작성하고 제출하면 됩니다.

① 그 직업이 하는 역할과 ② 그 직업에 어울리는 성격 등을 설명하는 것입니다. 그리고 ③ 희망하는 사람은 선생님에게 이력서를 받아 작성하여 제출하라고 안내합니다.

이때 고용 절차에 대해서도 안내하면 좋습니다. 간단한 고용 절차도 있지만 격식 있는 절차를 원한다면 제출된 이력서를 가지고 서류 심사를 하고, 여기에서 통과된 사람은 면접 후 최종적으로 고용할 수 있습니다.

활동 3 이력서 작성하기

    선생님이 공무원 선발 계획을 안내한 후, 그 직업을 원하는 학생들은 선생님에게서 이력서 용지를 받아 갑니다. 그리고 자신이 그 직업에 알맞은 인물임을 강조할 수 있게 이력서에 지원 동기, 각오, 경력 등을 작성합니다.

    이력서를 받아 간 학생들이 가장 많이 하는 질문은 '지원 동기와 각오에는 무엇을 적어야 하는지, 경력에는 무엇을 적어야 하는지'입니다.

    지원 동기와 각오에는 내가 얼마나 이 직업을 절실하게 원하는지가 드러나야 하며, 경력에는 이 직업과 관련한 경험이면 무엇이든 적을 수 있다고 안내합니다.

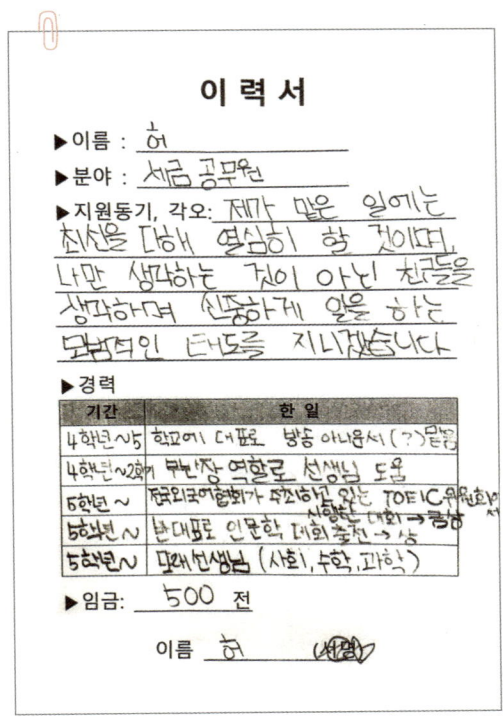

이력서를 제출한 학생이 많다면 서류 심사를 합니다. 서류 심사는

- 얼마나 성실하게 이력서를 작성했는지
- 신청한 직업에 대해서 얼마나 잘 파악하고 있는지
- 과거 경험이 직업에 적절한지

등을 기준으로 삼을 수 있습니다. 보통 서류 심사를 통해 뽑으려는 인원수의 2~3배가량의 학생들을 최종 후보로 선정합니다. 서류 심사 후 최종 후보를 발표할 때에는 통과한 학생의 이름만 호명하는 것이 아니라, 통과한 학생은 어떤 이유로 통과할 수 있었는지, 탈락한 학생은 어떤 점을 더 보완하면 좋을지 피드백을 주면 좋습니다.

활동 4 면접 보기

최종 후보가 된 학생들을 대상으로 면접도 실시할 수 있습니다.

최종 후보 학생들만 선생님이 따로 모아 면접을 진행할 수도 있지만, 저는 모든 학생이 참여하는 면접 방식을 선호합니다. 최종 후보가 된 학생들은 교실 앞쪽에 의자를 가지고 와 앉고, 나머지 학생들은 그 학생들에게 면접관처럼 질문을 하는 것입니다.

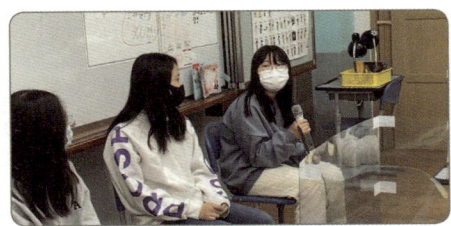 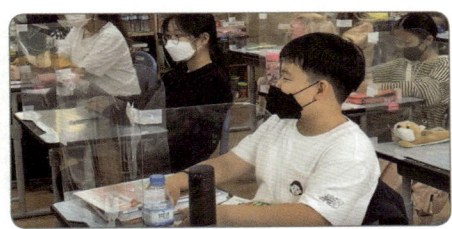

면접이 끝나고 최종 선발은 투표로 진행해도 되고 선생님이 최종 결정을 하셔도 됩니다. 단, 중요한 것은 다수가 납득할 수 있게 하는 것입니다. 그래서 선생님이 최종 결정을 할 때는 최종 선발된 학생의 선발 사유, 탈락한 학생들의 마음까지 헤아리는 피드백이 중요합니다. 혹시 면접 후에도 누구를 선발할지 고민된다면 결정을 잠시 유보할 수도 있습니다. 만약 두 명의 학생 중 누구를 선발해야 할지 고민된다면 2주 정도의 인턴 기간을 주어 그 역할을 두 사람이 함께 수행하게 하고, 인턴 기간이 끝난 후에 최종 선발을 하는 방법도 있습니다.

저학년 수업을 진행하신다면?

저학년들은 직업 체험을 재미있는 놀이로 생각하여 적극적으로 참여하려는 학생이 많지만, 지금까지 설명한 선발 절차가 까다롭다고 느끼는 학생들은 의욕이 꺾여 버릴 수도 있습니다. 그래서 저학년들은 최대한 많은 학생이 직업 체험에 참여할 수 있도록 기회를 고루 주는 것이 좋습니다. 1인 1역할처럼 매주 또는 2주에 한 번씩 돌아가면서 직업 체험의 기회를 주는 것입니다. 물론 그 직업에 익숙해질 만하면 역할이 바뀐다는 단점이 있을 수 있습니다. 이런 경우 리더십 있는 친구들을 도우미로 고용하여 역할이 바뀐 친구들을 도와주도록 하면 좋습니다.

활동 5 # 더 많은 일자리 창출하기 〔선택〕

앞에서 설명한 직업 외에도 선생님의 필요나 학급의 필요에 따라 더 많은 학급 공무원을 고용할 수 있습니다.

저희 반에서 만든 직업 몇 가지를 소개해 드리면 다음과 같습니다.

- 코로나19가 유행하는 상황 속에서 열 체크를 하고 기록하는 것이 쉽지 않아 '건강 관리원'이라는 일자리를 만들었습니다. 그리고 이들에게 아침 자습 시간과 급식소 이동 전에 친구들의 열을 체크하여 기록하고, 손 소독을 독려하는 역할을 맡겼습니다.

- 학급 청소의 경우 우리 학급 공동체를 위한 의무라고 생각하여 1인 1역할을 정해 돌아가면서 당번을 시켰지만, 학생들은 늘 귀찮고 하기 싫어하는 모습을 보였습니다. 그래서 아이들이 적극적으로 학급 청소에 참여할 수 있도록 '환경미화원'을 만들어 채용하거나, 관공서에서 외부 업체에 외주를 주듯 계약 조건을 달고 '학급 청소 업체'를 공고하여 채용하기도 했습니다. 물론 제가 기대한 것만큼 즐겁고 행복하게 청소를 하는 느낌은 아니었지만, 그래도 돈을 버는 즐거움을 느끼며 열심히 하는 모습을 보이기도 했습니다.

- 정규직은 아니지만 환경 미화에 관심이 많고 미적 감각이 뛰어난 학생들을 정해진 기간 동안 고용해서 학급 환경 구성을 맡긴 적도 있습니다. 교실 전체를 맡기면 부담스러울 수 있으므로 칠판 옆 게시판이나 뒤편 게시판 중 한 칸, 이런 식으로 구역을 정해 2~3명의 학생을 고용하기도 했습니다.

달구쌤 TIP

일을 하고 노동의 대가로 돈을 버는 과정에서 학생들은 보람과 즐거움을 느낄 수 있지만, 자칫 교사의 욕심에 따라 돈을 활용하면 부작용이 생길 수도 있습니다. 예를 들어 '단원 평가 100점 시 100원 지급'과 같이 돈을 학습과 연결하는 것은 좋지 않습니다. 지급받는 돈이 없는 경우에는 학생들의 학습 의욕이 떨어질 수도 있고, 학생들이 학습할 때마다 돈을 요구할 수도 있기 때문입니다. 같은 이유로 가치로운 일, 의무적인 일 역시 돈과 연결하지 않는 것이 좋습니다.

활동 6 추가 임금 책정하기 [선택]

돈 단계부터 모든 학생에게 기본임금이 제공되지만, 학급 공무원으로 채용되면 직업 임금을 추가로 받을 수 있습니다. 따라서 추가로 제공되는 직업 임금의 금액을 정해야 합니다.

직업 임금을 책정할 때 가장 많이 사용하는 방법은 '학급 회의를 통해 직업 임금 정하기' 입니다.

학급 회의에서 직업 임금을 정하다 보면 기본임금만큼, 혹은 그 이상의 임금을 주자는 의견이 많이 나옵니다. 하지만 이렇게 되면 처음부터 직업을 가진 학생과 그렇지 않은 학생들 사이의 빈부 격차가 커지기 때문에, 선생님이 이러한 경우를 충분히 설명하고 금액이 너무 크지 않게 정하는 것이 좋습니다. 물론 학급 회의는 채용이 완료된 후가 아니라 채용 전에 실시해야 합니다.

> **달구쌤 Tip**
>
> 빈부 격차가 많이 걱정된다면 돈 단계까지는 무임금의 봉사 활동으로 진행하고, 금융 제도 단계부터 직업 임금을 줄 수도 있습니다.
> 대신 봉사를 해 준 학생들에게는 금융 제도 단계 때 자신이 봉사했던 직업을 우선 선택할 수 있는 권한을 주거나 별도의 혜택을 제공해 줄 수 있습니다.

이 수업이 더 궁금하시다면?
달구쌤 영상 보러 가기▶

이야기

직업 임금도 주셨으면 좋겠습니다!

경제·금융교실 프로젝트의 돈 단계에서는 기본임금 외에 직업 임금을 주지 않는 것을 원칙으로 하고 있습니다. 그 이유는 직업 임금 때문에 벌어진 빈부 격차가 단계를 거듭할수록 더 커지는 사례를 경험했기 때문입니다. 하지만 저희 반 학급 회의 시간에 이 원칙에 반대하는 주장을 하는 학생이 있었습니다.

저는 직업을 가진 학생들에게 따로 임금을 줘야 한다고 생각합니다.

 그러면 직업 임금을 주자는 안건에 대해서 학급 회의를 진행해 봅시다.

저는 찬성입니다. 분명 남들보다 더 많은 일을 했는데, 보상을 받지 못하는 건 좀 억울한 것 같습니다.

저는 반대입니다. 처음에 공무원을 채용할 때 돈을 준다는 얘기도 안 했는데, 이제 와서 돈을 달라고 하는 것은 좀 아닌 것 같습니다.

저도 반대입니다. 학급 공무원은 봉사 활동 같은 것이므로 돈을 받지 말아야 한다고 생각합니다.

저는 지금 직업을 가지고 있는데, 솔직히 처음에 돈을 받을 생각으로 이 일을 한 것은 아닙니다. 그래도 해 보니까 힘든 점이 많은데, 돈보다는 우리가 노력하는 것을 알아주고, 조금이라도 보상을 해 준다면 저희도 더 기분 좋게 일할 수 있을 것 같습니다.

직업 임금을 둘러싼 학생들의 의견 대립이 아주 팽팽하지요?
평소에는 장난꾸러기 같은 아이들도 학급 회의를 시작하면 진지하게 자신의 의견을 이야기하곤 합니다. 이번에도 열띤 회의 끝에 결국 직업 임금을 줘야 한다는 의견이 조금 더 설득력을 얻어 찬반 투표에서 가결되었습니다.

직업 임금으로 얼마를 주면 좋을지 얘기해 봅시다.

저는 직업 임금으로 50캔 정도 주었으면 좋겠습니다. 너무 많이 주면 직업을 갖지 않은 사람하고 재산 차이가 너무 많이 날 것 같습니다.

솔직히 50캔은 너무합니다. 그냥 안 받는게 낫지 50캔은 너무 적습니다.

저는 아무 일도 안 하는 사람이 기본임금으로 500캔씩 받으니까, 직업을 가진 친구들은 2,000캔 정도는 받아야 한다고 생각합니다.

저도 직업을 가지고 있지만 2,000캔은 솔직히 너무 많은 것 같고, 200캔 정도가 적당할 것 같습니다.

   결국 50캔, 200캔, 2,000캔 중에서 200캔이 가장 많은 표를 얻어 저희 반 공무원들은 200캔의 직업 임금을 추가로 받을 수 있게 되었습니다. 모든 학생들이 함께 만들어 낸 결과이므로, 모두가 이 결론에 순응했고요.

   비록 경제·금융교실의 돈 단계에서는 직업 임금을 주지 않는다고 정했지만, 이렇게 학급 구성원이 민주적인 절차에 따라 새로운 규칙을 만드는 것도 매우 의미가 있다고 생각합니다.

PART 2

 # 금융 제도

① 우리 반에 은행이 생겼어요
② 저축도 하고, 돈도 빌리고!
③ 공무원 VS 아르바이트생 VS 무직자
④ 믿음을 평가하는 제도가 있다고요?
⑤ 상속 제도, 이건 좀 억울한데요!

 사업
 부동산
 기부
 돈

① 우리 반에 은행이 생겼어요

활동 1 은행이 하는 일 알기 〔선택〕

활동 2 은행의 종류 알기 〔선택〕

활동 3 학급 은행 설립하기

활동 4 은행원의 역할 설명하기

활동 5 은행에 저축하기

*이야기 전 절대 저축 안 해요! Flex!

　'돈' 단계에서는 학생들과 교실에서 사용할 돈을 직접 만들고 간단한 수입, 지출 활동을 해 보았습니다. 경제 활동의 가장 기초적인 활동을 경험한 것입니다. 아마 여기까지 운영하면 2~3주 정도의 시간이 흘렀을 것 같아요. 이제 다음 단계로 넘어가 볼까요?

　금융을 몸에 비유했을 때, 심장 역할을 하는 곳이 어디인지 아시나요? 바로 '은행'입니다. 돈이 '피'라고 한다면, 사회 곳곳에 그 피를 뿌려 주는 역할을 하는 곳이 바로 은행입니다. 따라서 경제와 금융을 잘 이해하려면 반드시 은행에 대해 알아야 합니다.

　지금부터 은행이 어떤 곳이고, 어떤 역할을 하는지 알아볼까요? 더불어 저축, 대출과 같이 은행의 기본적인 역할도 함께 체험해 봅시다!

활동1 은행이 하는 일 알기 [선택]

우선 학생들이 은행과 관련해서 어떤 경험과 배경지식이 있는지 알아보기 위해 은행에서 하는 일을 물어봅니다. 그러면 보통 다음과 같은 다양한 반응을 보입니다.

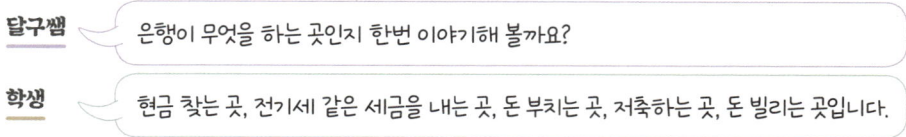

답구쌤: 은행이 무엇을 하는 곳인지 한번 이야기해 볼까요?

학생: 현금 찾는 곳, 전기세 같은 세금을 내는 곳, 돈 부치는 곳, 저축하는 곳, 돈 빌리는 곳입니다.

학생들의 다양한 대답을 칠판에 적다 보면 은행에서 하는 일이 입체적으로 잘 드러납니다. 하지만 정리할 때에는 핵심만 간단하게 짚어 주는 것이 좋습니다.

위의 그림을 보여 주면서 은행의 역할을 정리해 줄 수 있습니다.

은행은 가계(혹은 가정)와 같이 돈이 남는 곳에서 돈을 받는 대신 그 대가로 이자를 제공하고, 기업과 같이 돈이 필요하고 부족한 곳에 돈을 빌려주고 대신 이자를 받는 곳임을 알려 줍니다.

가계가 부동산 대출 등으로 돈을 더 많이 빌리고, 기업이 이익을 쌓아 두어 돈이 남는 경우도 있지만 결국 핵심은 은행이 돈 거래의 중개자가 되어 돈이 남는 곳에서 돈이 필요한 곳으로 뿌려 주는 역할을 한다는 것입니다.

활동2 은행의 종류 알기 [선택]

은행의 역할을 물어보면 돈 만드는 곳이라고 대답하는 학생들이 종종 있습니다. 아주 틀린 내용은 아니지만, 엄밀하게 말하면 은행의 역할을 단편적으로 알고 있다고 볼 수 있습니다. 따라서 은행의 종류와 역할을 분류하여 정리해 주면 좋습니다.

은행은 크게 중앙은행, 일반 은행, 특수 은행으로 분류할 수 있습니다.

중앙은행	일반 은행	특수 은행
화폐를 발행하고 필요한 금융 기관에 제공하여 나라 전체의 돈을 관리하는 은행	예금으로 받은 돈을 필요한 사람에게 빌려주는 은행. 그 외 송금, 환전 등 다양한 금융 서비스를 제공함.	기업이나 농어촌 등 정부가 희망하는 곳에 돈을 빌려주는 은행

학생들 입장에서는 이 중 일반 은행이 가장 이해하기 쉽습니다. 우리가 흔히 볼 수 있는 은행이니까요. 중앙은행과 특수 은행은 학생들에게 익숙하지 않기 때문에 기본적인 개념만 간단하게 설명해 주셔도 됩니다.

중앙은행은 돈을 만들어 사람들이 쓸 수 있게 제공하는 역할을 하는 곳입니다. 중앙은행에서 화폐를 발행하는 사진 등을 함께 보여 주면 학생들의 관심을 집중시킬 수 있습니다.

한국산업은행, 한국수출입은행, 농업협동조합중앙회 등의 이름은 들어 보셨을 텐데요. 일반 은행이라면 돈을 잘 빌려주지 않을 만한 기업이나 농어촌에 금융 지원을 하기 위해 나라에서 정책적으로 설립한 은행이 특수 은행입니다. 학생들에게는 이 정도의 설명만 해 주셔도 충분히 기본 개념을 익히는 데 도움이 됩니다.

활동 3 학급 은행 설립하기

이제 본격적으로 학급 은행을 설립하고 운영해 볼까요?

이미 눈치채신 분도 계시겠지만, '돈' 단계에서는 중앙은행의 역할인 화폐 발행을 학급 정부가 대신하고 있습니다. 그래서 저희 반은 중앙은행원을 뽑아 선생님이 인쇄해 주는 화폐를 자르고 장부에 발행량을 기록하는 역할을 맡기기도 합니다. 하지만 반드시 중앙은행원을 뽑을 필요는 없으며, 이 역할을 다른 공무원에게 맡겨도 괜찮습니다.

그러나 '금융 제도' 단계부터는 '은행'이 생기기 때문에, 학급 은행 설립과 동시에 화폐를 발행하고 관리하는 역할을 정부에서 은행으로 모두 옮겨야 합니다. 학급 은행은 화폐 발행, 화폐 관리, 저축과 대출의 금융 서비스 역할을 하게 되는데요. 학급 은행은 중앙은행과 일반 은행을 합쳐 놓은 것이라고 생각하시면 됩니다.

이렇게 정부와 은행의 역할을 확실하게 구분 지은 다음, 학생들에게 학급 은행이 설립되었으며 은행원을 새로 고용한다고 안내합니다.

달구쌤: 오늘부터 우리 반에 학급 은행이 생깁니다. 이제 누구나 은행에 저축하고 이자도 받을 수 있습니다. 열심히 모아서 이자를 받으면 돈을 많이 모을 수 있을 거예요. 그리고 대출도 할 수 있답니다.

학생: 선생님, 대출이 뭐예요?

달구쌤: 대출은 돈이 필요한 사람이 은행에서 돈을 빌리는 것을 말해요.

학생: 우아, 그러면 돈이 없을 때 은행에서 대출하면 좋겠네요?

달구쌤: 물론 돈이 필요할 때 은행에서 돈을 빌릴 수 있어서 좋지만, '세상에 공짜 점심은 없다.'라는 말이 있어요. 돈을 빌리는 대신, 은행에 대출 이자를 꼬박꼬박 줘야 합니다. 이제 은행원을 새로 고용할 건데요. 은행원은 선생님이 프린트해 주는 교실 화폐를 잘라 발행하기도 하고, 친구들에게 저축이나 대출을 해 주는 역할을 할 거예요.

은행원의 역할 설명하기

　은행원을 고용하는 방법은 공무원을 선발할 때와 동일합니다. 은행원이 되기를 희망하는 학생이 있으면 이력서를 쓰게 하고, 조금 더 의미 있는 취업 과정을 경험하게 하려면 면접까지 진행하여 선발하면 좋습니다.

　은행원을 고용한 뒤에는 은행원의 역할을 하나씩 설명해 줍니다.

　첫 번째 역할은 '화폐 발행과 관리'로, 중앙은행 장부 양식을 보여 줍니다.

　은행원은 학급 전체가 가진 돈의 양을 정확하게 파악하고 있어야 합니다. 화폐를 발행할 때마다 장부에 정확하게 기록해야 하고요.

　두 번째 역할은 '저축 관리'로 통장을 보여 주며 설명합니다.

① 친구들이 저축을 하면 은행원은 저축 날짜와 금액을 각각 '거래 날짜'와 '저금액'에 기록합니다.
② 학급 은행에서는 일주일 저축을 했을 경우 이율 10%를 이자로 제공합니다. 저축한 날짜의 7일 후를 '약속 날짜'에 기록하고, 원금의 10%를 '이자'에 기록합니다.
③ 일주일이 지나 은행원이 실제로 이자를 지급했으면 기록 위에 줄을 긋습니다.
④ '비고'에 은행원이 사인을 하면 한 건의 저축 업무가 끝납니다.

활동 5 은행에 저축하기

이제 모든 준비를 완료했기 때문에 학생들은 본격적으로 은행에 저축 활동을 시작할 수 있습니다.

저축 활동이 시작되기 전에는 학생들에게 저축을 이용하는 방법에 대해서 설명해야 하지만, 실제 저축을 해 보면 쉽게 이해할 수 있기 때문에 간략히 안내해도 괜찮습니다. 무엇보다 중요한 것은 저축 이자와 복리 효과를 설명하면서 저축의 동기를 유발하는 것입니다.

- **저축 이자와 복리 효과**: 학급 은행에서는 일주일 저축을 했을 경우 원금에 저축 이자 10%가 붙습니다. 즉 1,000원을 저축하면 일주일 후 이자 100원을 받고, 1,100원을 일주일 동안 더 저축하면 이자 110원을 받습니다. 이렇게 열심히 저축을 하면 원금이 꾸준히 늘어나는 복리 효과를 누릴 수 있습니다.

> **달구쌤 TIP**
> 저는 인터넷에서 '복리 계산기'를 이용하여 학생들에게 복리를 설명해 주곤 합니다. 학생들이 원하는 금액과 기간에 맞춰서 어떤 결과가 나오는지 바로 보여 줄 수 있기 때문인데요. 특히 10년, 20년, 30년이 지남에 따라 원금이 많이 늘어나는 것을 보면서 학생들이 놀랄 때가 많습니다.

예금 장부나 저축 통장은 되도록 은행원이 보관하는 것이 좋습니다.

학생들에게 저축 통장을 나누어 주면 잃어버릴 위험도 있고, 기록 관리가 잘 안 되기 때문입니다. 그래도 자기 통장은 자기가 직접 가지고 있는 것이 좋겠다고 생각하신다면 은행용 장부나 통장을 따로 두고, 별도로 학생 개인별 통장도 만들어서 저축할 때마다 두 가지 장부에 모두 기록하면 좋습니다.

예전에는 저축 통장을 한꺼번에 묶어서 보관했는데, 제가 활동하는 경제·금융교육연구회의 선생님 중 한 분이 좋은 아이디어를 주셔서 지금은 클리어 파일 속 비닐 봉투에 학생들의 통장을 하나씩 꽂아 두고 있습니다. 그리고 학생들이 저축한 돈도 각각의 비닐 봉투에 담아 보관하고 있습니다.

학생들은 은행에서 저축을 경험해 보고, 특히 매주 10%의 이자로 단기간에 복리를 경험함으로써 저축과 복리의 중요성을 깨달을 수 있습니다. 저축하는 습관도 기를 수 있고요.

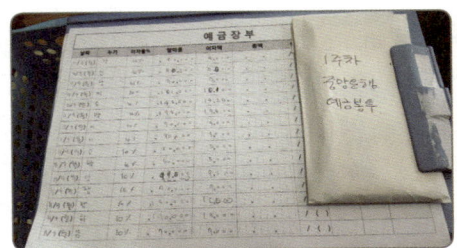 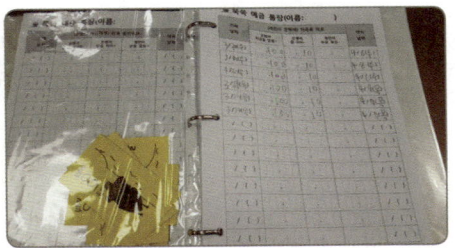

 저학년 수업을 진행하신다면?

저학년 학생들도 충분히 은행 활동이 가능합니다. 1,000원을 저축한 경우 이자 10%를 받으며, 이자는 저축한 돈에서 'o' 하나를 빼면 된다고 설명하면 됩니다. 그러면 이자 10%를 계산하는 방법을 아주 쉽게 설명할 수 있습니다. 10%의 의미를 제대로 알려 주면 가장 좋겠지만, 교육과정상 선행 학습이기도 하고 정확히 이해시키기도 쉽지 않으므로 일단 이 정도로 설명해 줍니다.

이 수업이 더 궁금하시다면?
달구쌤 영상 보러 가기▶

이야기

전 절대 저축 안 해요! Flex!

저축 활동의 가장 중요한 의미는 절약하는 습관을 기르고, 복리의 힘을 느껴 보게 하는 것입니다. 사실 일주일에 10%의 이자율이면 엄청난 보상이라 모든 학생들이 저축에 참여할 것 같지만, 생각보다 많은 학생이 참여하진 않습니다.

리우야, 컵라면 하나 줘. 얼마야?

컵라면 하나에 600캔이야. 여기 있어. 600캔 줘.

자, 여기. 오예! 나 컵라면 샀다. 점심 먹고 먹어야지.

 동현아, 컵라면 샀어? 컵라면 꽤 비싼데 이제 돈 없는 거 아니야? 돈 얼마 남았어?

저요? 빵 캔이요. 돈 다 썼어요!

 그래? 벌써 다 썼구나. 지금 소비를 조금만 참고 꾸준히 저축하면 나중에 더 많은 걸 사먹을 수 있는데, 이젠 저축하는 건 어때? 지원이는 꾸준히 저축해서 벌써 4,000캔이나 모았다고 하던데.

괜찮아요. 저는 임금 받으면 그냥 다 쓰고 플렉스할래요!

저축을 하지 못하는 학생들을 살펴보면 보통 두 가지 이유 때문입니다.
첫 번째는 자신의 욕구를 참지 못해서 결국은 돈을 다 써버리는 것이고, 두 번째는 다른 친구들에게 돈을 잘 쓰는 것을 과시하기 위한 것이지요.
강제로 학생들이 돈을 못 쓰게 할 수는 없지만, 다른 친구들이 열심히 저축하여 불린 재산을 수시로 보여 주면서 저축에 관심을 갖도록 유도할 수 있습니다.

❷ 저축도 하고, 돈도 빌리고!

활동 1 복리의 마법 알기 〔선택〕

활동 2 복리의 마법을 누릴 수 있게 동기 유발하기

활동 3 저축과 소비의 건강한 균형 찾기 〔선택〕

활동 4 대출의 의미 알기

활동 5 대출 이용 방법 알기

활동 6 대출 활동 활성화하기 〔선택〕

*이야기 남의 돈은 절대 빌리지 말래요!

　학급 은행이 생겼으니, 이제 열심히 이용해 볼까요?
　먼저 '저축'부터 꾸준히 해 보죠. 복리는 재테크와 투자를 할 때 필수적으로 이해하고 이용해야 하는 것입니다. 경제·금융교실에서는 긴 시간인 1년을 일주일로 줄이고, 자산이 매주 10%씩 복리로 증가하는 경험을 제공합니다. 꾸준히 저축만 한다면 큰 부자가 될 수도 있겠죠?
　또 은행의 중요한 역할 중 하나, '대출'을 빼 놓을 수가 없습니다. 우리 반 학급 은행을 이용해 필요한 만큼 돈을 빌리고, 그 대가로 이자도 지불해 봅니다.

활동 1 복리의 마법 알기 [선택]

세계적인 투자자이자 부자로 꼽히는 워런 버핏은 투자의 가장 핵심을 '복리'라고 말했습니다. 자, 그럼 복리의 마법이 얼마나 대단한지 한번 살펴볼까요?

우선 복리로 원금이 얼마나 증가하는지 수학식으로 나타내 보겠습니다.

$$\text{불어난 돈} = \text{원금} \times (1+\text{이자율})^n$$

매주 10%의 이자율을 제공하는 경제·금융교실에서는 원금이 1.1배씩 꾸준히 늘어나는 것입니다. (예) 원금 $\times (1+0.1)^2$

이를 그래프로 나타내면 다음과 같습니다.

▌이자율이 10%일 때 불어난 돈의 값

처음 1,000원을 넣었을 때 복리를 30회 누리면 원금이 17.5배로, 복리를 40회 누리면 원금이 45.3배로 불어납니다.

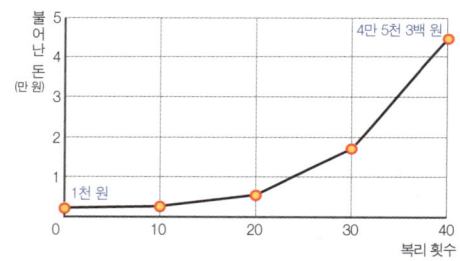

저희 반은 1년 동안 경제·금융교실 프로젝트를 진행하므로, 처음부터 열심히 은행을 이용한 학생은 충분히 20~30회가량의 복리 효과를 노려볼 수 있습니다.

▌이자율이 20%일 때 불어난 돈의 값

이자율이 20%가 되면 10%일 때와 전혀 다른 그래프가 그려집니다.

이자율이 20%일 때 복리를 30회 누리면 돈은 원금의 237배가량으로 늘어나고, 40회 누리면 원금의 1,469배로 늘어납니다.

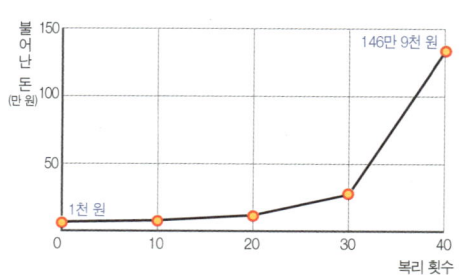

이왕 하는 김에 이자율 30%의 세계도 살펴볼까요?

이자율이 30%일 때 불어난 돈의 값

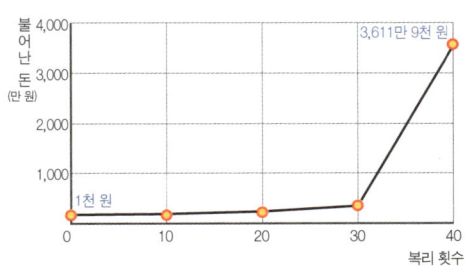

이자율이 30%일 때 복리 효과를 30회 누리면 돈은 원금의 2,620배로 늘어나고, 40회 누리면 36,119배로 늘어납니다.

1,000원만 투자하더라도 40회 복리를 누리면 돈이 무려 약 3,600만 원으로 늘어나는 것입니다.

여기에 바로 워런 버핏이 세계 최고의 부자가 된 이유가 숨겨져 있습니다. 워런 버핏은 60년 동안 연평균 20~30%씩 복리로 꾸준히 자신의 자산을 늘렸고, 그 결과 세계 최고의 부자 중 한 명이 될 수 있었던 것입니다.

달구쌤 TIP

복리를 계산할 때 가장 많이 쓰는 개념 중 하나가 바로 '72의 법칙'입니다.
'72의 법칙'은 원금이 두 배로 불어나는 데 걸리는 시간을 아주 간단하고 쉽게 계산할 수 있도록 도와주는 개념입니다. 72를 이자율(수익률)로 나누어 주면 되는데요. 만약 이자율이 10%라고 한다면 72÷10=7.2가 됩니다. 즉, 이자율이 10%일 때 원금이 두 배가 되려면 복리를 약 7.2년 누려야 한다는 의미입니다. 만약 이자율이 36%라고 한다면 2년 만에 원금이 두 배로 불어나게 되는 것입니다.
이렇게 '72의 법칙'을 이용하면 학생들이 복리 효과를 직접 계산하고 예측해 보는 데 도움이 됩니다.

활동 2 복리의 마법을 누릴 수 있게 동기 유발하기

경제·금융교실을 운영하다 보면 확실히 처음부터 은행에 열심히 저축하고 꾸준히 복리를 누린 학생들이 큰 부자가 됩니다. 하지만 복리 효과를 제대로 누리면서 큰 부자가 되는 학생은 그렇게 많지 않습니다.

처음 시작할 때에는 돈을 열심히 모아서 부자가 되겠다고 다짐한 학생들도, 막상 학급 가게에서 파는 맛있는 과자와 편리한 혜택권의 유혹을 뿌리치기가 어렵습니다. 그래서 "저는 그냥 이렇게 펑펑 쓰고 살래요!"라고 하며 돈 모으기를 포기하는 학생들이 점점 늘어납니다.

▲ 학생이 쓴 일기 중 돈을 많이 쓰겠다는 내용

그렇다면 우리 학생들이 꾸준히 저축을 하게 만드는 방법은 무엇일까요?

첫 번째 방법은 앞에서 설명드린 것처럼, 학생들에게 복리를 이용하면 돈이 얼마나 불어나는지 복리 계산기를 활용해 보여 주고, 이를 시각화한 복리 그래프를 보여 주는 것입니다. 이 과정에서 학생들은 자신이 목표로 삼을 수 있는 미래의 모습을 상상하게 됩니다. 즉, 저축 활동으로 누릴 수 있는 긍정적인 미래를 상상하게 만드는 것입니다.

두 번째 방법은 학생들의 상상을 조금 더 구체화해 주는 것입니다. 어른들은 재무 설계를 할 때 제일 첫 번째로 자신의 재무 목표를 구체적으로 세웁니다.

우리 학생들도 재무 목표를 구체적으로 세우면 유혹을 이겨 내고 원하는 것을 성취할 수 있는 힘을 얻습니다.

① 미래의 내 모습을 구체적으로 상상하여 적어 봅니다.
② 내가 그리는 모습을 이루기 위해서는 매주 얼마씩 저축해야 하는지 구체적으로 계산해 보고, 계획과 목표를 세워 봅시다.

* 부자가 되기 위해서는 오랜 시간 인내와 노력이 필요합니다. 하지만 누구든 열심히 노력하면 부자가 될 수 있으니까 포기하지 말고 꼭 부자가 되어 봅시다!

부자가 되었을 때 나의 모습을 구체적으로 상상하여 적어 봅시다.	나는 부자가 될 것이다. 선생님이 말씀하신 것처럼 열심히 돈을 저축해서 복리로 원금을 늘릴 것이다. 그래서 나중에는 일하지 않아도 일한 것만큼 돈이 들어올 수 있게 만들 것이다. 그렇게 번 돈은 먹고 싶은 것도 마음껏 사 먹고 친구들을 돕는 데 쓸 것이다.	
부자 목표를 이루기 위해 계획을 세워 봅시다.	매주 저축할 금액	200캔
	4주 후 내 재산	983캔
	8주 후 내 재산	2,447캔
	12주 후 내 재산	4,627캔
	16주 후 내 재산	7,874캔
이번 달 나의 부자 목표	나는 매주 200캔씩 저축하여 이번 달에 재산을 1,000캔으로 늘릴 것이다.	
4달 후 나의 부자 목표	나는 매주 200캔씩 저축하여 4달 후에 재산을 8,000캔으로 늘릴 것이다.	

 저학년 수업을 진행하신다면?

저학년은 고학년보다 훨씬 더 즉흥적이고 유혹에 쉽게 빠질 수 있습니다.
따라서 다음과 같은 방법을 활용해 선생님이 원하는 방향으로 학생들을 이끌어 주시면 좋습니다.

- **더 자주, 더 많이 저축하는 친구들을 칭찬해 줍니다.** 친구들이 어떻게 저축했는지, 저축해서 이자를 받으니 어떤 기분이 들었는지 다른 친구들 앞에서 직접 발표하도록 하면 좋습니다.
- **중간중간 재미있는 이벤트를 열어 줍니다.** 이자 2배 주기 이벤트, 얼마 이상 저축한 친구들에게 스티커나 사탕 주기, 4주 연속 저축한 친구들에게 이달의 저축왕 타이틀 주기(학급 게시판에 게시), 저축을 열심히 한 친구들에게 과자 싸게 팔기 등 이벤트를 자주 열면 좋습니다.

저학년 학생들이 복리의 개념을 이해하기는 어렵기 때문에 열심히 저축하는 습관을 길러 주는 데 초점을 맞춰서 지도하시면 좋습니다.

활동 3 저축과 소비의 건강한 균형 찾기 [선택]

이런 생각이 드는 선생님도 계실 것입니다.

'우리 반 애들은 거의 다 성실하고 인내심도 강한데, 모두가 열심히 저축하면 어떻게 하지? 복리로 다 같이 재산이 엄청나게 늘어나면 어떻게 하지?'

맞습니다. 만약 모든 학생이 열심히 저축을 한다면 일단 내수 경기가 죽을 것입니다. 경제·금융교실의 학급 가게는 파리가 날리고, 학생들의 사업 활동도 제대로 되지 않을 것입니다. 그리고 은행에서 이자로 나가는 돈만 엄청나게 늘어날 것입니다. 그러면 어떻게 해야 할까요?

시장 경제의 원리

저축을 열심히 해서 재산이 늘어나기 시작하면 학급 가게의 과자와 혜택권이 싸 보이기 시작하고, 그러면 소비가 자연스럽게 늘어날 것입니다. 그렇게 소비가 늘면 자연스럽게 과자와 혜택권 값이 비싸지기 시작하고, '인플레이션'이 생깁니다.

인플레이션 현상을 본 학생들은 과자와 혜택권을 미리 사 두어야겠다고 생각하며 저축에서 이탈하여 소비에 가세할 가능성이 높습니다.

소비 촉진

그런데도 대부분의 학생이 미동도 하지 않고 저축만 하고 있을 수도 있겠죠?

그런 경우가 발생하면 '블랙 프라이데이'처럼 반값 할인 주간을 만들어서 소비를 촉진할 수도 있고,

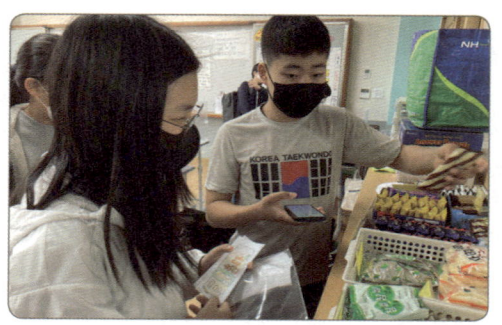

모든 학생에게 소비 쿠폰을 나눠 주고 정해진 기간 동안 소비 활동을 하게 만들 수도 있습니다. 그 밖에도 선생님의 창의력을 발휘한 다양한 이벤트를 생각해 보실 수 있겠지요.

금리 인하

이자율을 낮추는 방법도 추천합니다. 경기 회복을 위해 중앙은행이 금리를 낮추는 것처럼 학급의 금리를 낮추는 것입니다. 이자율을 10%에서 5%로 낮추면 저축하는 것보다 소비하는 것이 더 낫겠다고 생각하는 학생들이 늘어날 것입니다.

이렇게 저축의 혜택을 낮춰 소비의 기회비용을 줄이면 소비를 하는 학생이 늘고, 자연스레 인플레이션이 생기며 소비가 더 활성화될 것입니다.

앞에서는 학생들에게 저축하는 습관을 길러 주는 방법을 열심히 설명하더니, 마지막에는 저축을 덜 하는 방법을 알려 주다니, 조금 의아하시죠? 저는 이렇게 저축과 소비의 건강한 균형을 찾아가는 것이 바로 '경제'라고 생각합니다.

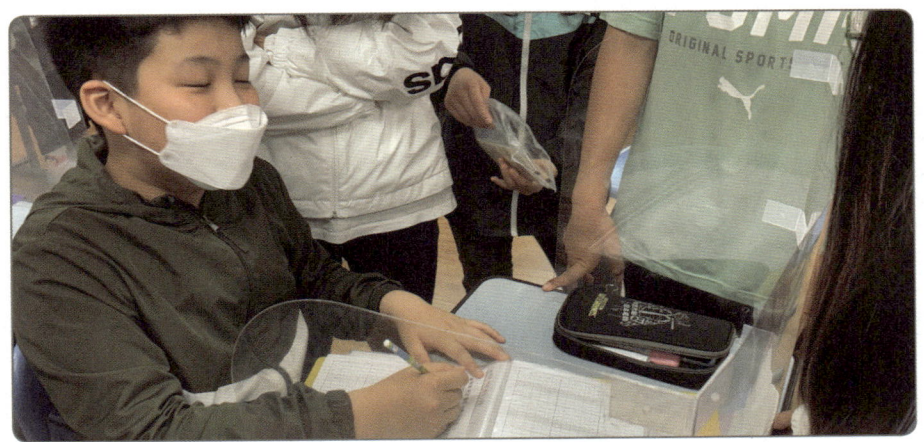

▲ 은행원 친구를 찾아와 저축하는 아이들의 모습

활동 4 대출의 의미 알기

복리의 마법과 저축 활동을 충분히 알아보았으니, 이번에는 은행의 또 다른 역할인 '대출'을 알아보겠습니다.

달구쌤: 혹시 대출이 무엇인지 들어 본 사람 있나요? 대출이 뭘까요?

학생: 은행이나 다른 사람한테 돈 빌리는 거요!

달구쌤: 누군가 우리에게 돈을 빌려주면 우리는 어떤 대가를 주어야 할까요?

학생: 이자를 주어야 한다고 들었어요.

달구쌤: 맞아요. 세상에 공짜가 없듯이 누군가 소중히 모은 돈을 빌리려면 그 대가로 이자를 줘야 합니다. 그러면 굳이 이자를 주면서까지 대출을 하는 이유는 무엇일까요?

학생: 갖고 싶은 것이 있는데 돈이 부족하니까요.

달구쌤: 맞아요. 우리가 갖고 싶은 것을 조금 더 빨리 사기 위해서, 혹은 갑자기 자기가 가진 돈보다 많은 돈이 필요할 때 은행에서 대출을 합니다. 하지만 이렇게 우리에게 도움이 되는 대출도 갖고 싶은 것을 다 사려고 마구마구 이용하다 보면 자기가 감당할 수 없을 정도의 이자가 생기게 돼요. 우리 사회는 그런 사람들을 '신용 불량자'라고 부릅니다. 모두들 신용 불량자가 되지 않기 위해 조심하면서, 이제부터 우리 반에도 은행 대출 제도를 만들어서 이용해 볼게요.

여기까지 얘기하면 학생들의 눈이 똥그래집니다. 어른들이 하는 그 대출을 자신들이 하게 되니까요!

활동 5 대출 이용 방법 알기

　이제 대출 이용 방법을 설명하면 되는데, 우리 학생들은 초보니까 아주 단순하게 설명을 해 줍니다. 학생들의 이해를 돕기 위해 '대출 장부'를 보여 주면서 대출 활동을 어떻게 하는지 설명합니다.

쪽쪽 대출 통장 (이름: 이○○) ← 돈을 빌리는 사람

은행이 개인에게 빌려 준 **대출액**					개인이 은행에게 준 **이자**					비고 (담당자 확인)
거래 날짜	만	천	백	십	일	약속 날짜	만	천	백	십	일	
9/7(금)		1	0	0	0	9/14(금)			1	0	0	김○○ ← 은행원
9/14(금)		1	0	0	0	9/21(금)			1	0	0	김○○

※대출금을 9월 7일 빌린 돈을 14일날 갚지 않으면 다시 기록함.

달구쌤: 이제부터 은행에 장부가 하나 더 생깁니다. 바로 대출 장부인데요. 이 장부에서는 '이○○'이 돈을 빌리는 상황이죠? 그러면 은행원 '김○○'이 돈을 빌려준 날짜와 금액, 이자를 갚을 날짜와 이자를 적을 거예요. 이○○은 일주일 후에 100캔을 이자로 갚아야 합니다. 왜냐하면 우리 반 은행은 대출 이자율도 저금 이자율처럼 10%로 정했기 때문이에요. 이자를 받으면 김○○은 이자를 받았다는 의미로 비고(담당자 확인)에 자기 사인을 합니다. 그런데 은행에서 빌린 1,000캔은 어떻게 해야 할까요?

학생: 갚아야 돼요.

달구쌤: 물론이죠. 1,000캔도 약속한 1주일 후에 꼭 갚아야 해요. 하지만 돈을 당장 갚기 힘들거나, 더 오랫동안 빌려야 하는 상황이 있을 수도 있는데요. 그러면 이 대출 장부처럼 그 다음 주에 또 1,000캔을 빌려준 것으로 기록하고, 이자 약속 날짜를 적으면 됩니다.

학생: 선생님, 돈이 필요하지 않은 사람은 이용하지 않아도 돼죠?

달구쌤: 네, 물론입니다. 그리고 돈이 필요한 사람은 은행 운영 시간을 이용해서 언제든지 대출할 수 있습니다. 단, 너무 많은 대출 이자는 자신을 힘들게 할 수 있다는 점을 잊지 마세요!

이렇게 설명하면 대부분의 학생들은 대출이 무엇이고, 어떻게 이용하는지 이해할 것입니다.

달구쌤 TiP

대출 이자율은 저축 이자율과 동일하게 10%로 정합니다.
실제 시중 은행은 예대 마진이라는 것을 두고 대출 이자율을 저축 이자율보다 더 높게 책정합니다. 실제 은행에 예금할 때 이자는 적게 받고, 대출할 때 이자는 더 많이 줘야 하지요.
하지만 학급 은행에서 대출 이자율이 더 높다면 학생들은 대출을 무서워하여 대출하는 것을 꺼릴 것입니다. 그래서 일단은 대출을 경험하는 기회를 많이 주기 위해서 대출 이자율과 저축 이자율을 동일하게 적용하였습니다.

활동 6 대출 활동 활성화하기

이제 학급 은행에서 본격적으로 대출 업무를 시작하고, 학생들은 자유롭게 대출을 이용합니다. 하지만 실제로는 학생들이 대출을 많이 이용하지 않습니다. 생각보다 큰돈이 필요한 경우가 별로 없기 때문입니다.

그렇다면 아래처럼 학생들이 대출을 이용하게 하는 방법을 생각해 볼 수 있습니다.

신용 카드 만들기

첫 번째 방법은 신용 카드를 만들어 학생들에게 나눠 주는 것입니다. 신용 카드도 일종의 대출인데, 선생님의 목적에 따라 활용하실 수 있습니다.

신용 카드
- 현금이 없어도 거래 가능
- 월~금 사용액을 금요일에 청구, 지급
- 한 사람당 여러 카드사 이용 가능
- 1인당 총 거래 한도는 카드사마다 30만 원까지
- 거래 시 신용 카드사를 거쳐 기록
    - 사는 사람은 대차대조표의 '대출' 칸에 기록
    - 파는 사람은 '예금' 칸에 기록
    - 카드사는 '거래 기록표'에 기록
- 카드 업체는 월요일에 정부의 사업 지원금 10만 원을 받고(선급), 금요일에 전체 이용액의 5%를 사업비로 정부에서 지원받음(후급).

단순히 소비 활성화를 원하시면 이자 없이 신용 카드를 발급해 주면 되고, 대출을 잘 이용하는 방법을 가르치고 싶으시면 이자를 조금 받아도 좋습니다. 눈치채셨겠지만, 마이너스 통장처럼 학생들이 자기가 가진 재산보다 더 많은 돈을 쓸 수 있도록 유도하는 것입니다. 약간의 이자를 받고요!

창업 자본금 받기

또 다른 방법은 '사업' 단계를 시작할 때 창업을 원하는 학생들에게 일정 금액 이상의 자본금을 받는 것입니다.

> **정부 사업 대행 업체**
> - 정부 복권 사업 대행 업체
>   - 공개 입찰 받음.(사업 계획서, 투자금)
>   - 총 사업비 300만 원, 1회 사업비 140만 원
>   1등(50만, 1명), 2등(20만, 2명), 3등(10만, 3명), 4등(5만, 4명)
>   - 복권 구입 1인당 3매까지 제한(장당 2천 원, 3매 구입 시 5천 원)
>   - 복권 판매 수익금은 복권 업체가 가짐.

위에 제시한 사례의 경우 '정부 복권 사업 대행 업체'에 입찰하기 위해서는 반드시 자본금 300만 원(정부에 맡겨 두고, 사업을 그만둘 때 받을 수 있음)과 1회 사업비 140만 원(돌려받을 수 없는 금액)이 필요합니다. 그래서 이 사업체를 만든 학생들은 은행에서 대출을 해서 돈을 마련하였습니다. (※참고로 이 반은 현실감을 위해 화폐의 크기를 크게 정하였습니다.)

부동산 매매하기

'부동산' 단계에서는 학생들이 부동산(자리)을 매매하게 됩니다. 이때 많은 학생이 자신이 가진 돈보다 부동산의 가격이 더 높아서 대출을 이용하게 됩니다. 만약 대출을 하지 않는 경우에는 임대를 해야 하는데, 사실 학생들도 임대를 하기보다는 대출을 해서라도 내 집을 마련하고 싶어 하는 경우가 많습니다.

경제·금융교육연구회 몇몇 선생님들은 '사업' 단계나 '부동산' 단계가 되었을 때 대출 업무를 시작하기도 했습니다. 선생님께서도 어떤 단계에서 대출 업무를 하면 좋을지 판단하신 후 진행해 보세요.

저학년 수업을 진행하신다면?

저학년 학생들 사이에서는 친구들끼리 서로 돈을 빌려주는 등 사금융이 활성화되고는 합니다.

학급 가게를 마구 이용하다가 돈을 다 탕진하여 친구에게 돈을 빌리기도 하고, 여러 번 돈을 빌리다가 제때 갚지 않아 친구에게 신뢰를 잃기도 하며 지키지도 못할 높은 이자를 약속하고는 빌린 돈을 다시 못 갚기도 합니다. 그러다 보면 친구들끼리 서로 싸우기도 하고 감정이 상하기도 하지요.

실제 저학년 학생들을 대상으로 대출 제도를 만들어 운영하기에는 학생들이 이해하기도 어렵고, 은행원 학생이 저축 업무에 대출 업무까지 할 수 있는 역량이 되지 않아 교사가 계속 도와주어야 합니다. 따라서 저학년 수업을 진행하실 때에는 대출 제도를 만들기보다는, 학생들이 서로 돈을 빌려주면서 구두로 하는 약속을 확실하게 문서화하도록 하는 것에 집중하시는 것을 추천합니다.

아래 표처럼 친구끼리 돈을 빌리고 빌려줄 때는 반드시 은행원이나 미리 정해진 공무원에게 찾아가 증서를 쓰게 하는 것입니다.

누가 돈을 빌려주나요?		김○○	
누가 돈을 빌리나요?		이○○	
얼마를 빌리나요?	500캔	언제 빌리나요?	2020년 3월 15일
얼마로 돈을 갚나요?	550캔	언제 갚나요?	2020년 3월 25일

이 수업이 더 궁금하시다면?
달구쌤 영상 보러 가기 ▶

이야기

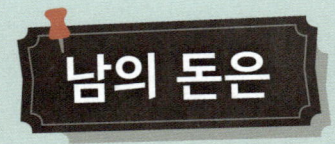

남의 돈은 절대 빌리지 말래요!

대출은 분명 조심해야 하는 금융 상품이기도 하지만, 한편으로는 필요한 금융 상품이기도 합니다. 필요할 때 잘 쓰면 약이 되고, 잘못 쓰면 독이 되는 것이지요. 그런데 학생들 중에는 대출을 무조건 독으로만 여기는 학생도 있습니다.

기범아, 매주 진환이한테 임대료 내기 힘들지 않아? 선생님 생각에는 은행에서 돈을 대출해서 자리를 하나 사면 좋을 것 같은데 말이야.

자리를 사려면 5,000캔이나 내야 하잖아요? 너무 비싸요. 임대료는 매주 350캔만 내면 되니까 그게 더 싸요.

기범이가 모아 둔 돈이 있으니까 2,000~3,000캔만 대출하면 자리를 살 수 있을 거야. 그러지 않으면 2주 후에 다시 자리를 계약할 때, 진환이가 임대료를 올려 달라고 하거나 자리를 비켜 달라고 할 수도 있잖아?

괜찮아요. 저번에 엄마가 텔레비전 보시면서 대출은 위험한 거라고 절대 하지 말라고 하셨어요. 그래서 대출은 안 할 거예요. 나중에 진환이가 임대료를 올려 달라고 하면 다른 자리로 가면 돼요.

돈에 대한 부모님의 가치관은 자연스럽게 아이들에게 전달됩니다. 그중에서도 특히 대출은 부모님이 아이들에게 부정적으로 얘기하시는 경우가 많습니다. 그래서 학생들도 자연스럽게 대출을 경계하는 모습을 보이곤 하죠.

대출은 잘못 쓰면 독이 되지만 잘 쓰면 약이 되기도 합니다. 따라서 우리 선생님들은 학생들이 대출을 합리적으로 생각하고 선택할 수 있도록 경험을 제공할 필요가 있습니다.

❸ 공무원
vs 아르바이트생
vs 무직자

*이야기 공무원은 왜 겸직이 안 되나요?

활동1 문제 해결을 위한 학급 회의 개최하기 [선택]

활동2 공무원 연금 제도 도입하기 [선택]

활동3 일자리 창출: 공무원 연금 관리원 [선택]

　경제·금융교실 프로젝트를 진행하다 보면, 마치 현실 세계를 축소하여 교실에 옮겨 놓은 듯한 느낌이 듭니다. 교실에 다양한 경제 활동이 생겨나면서 재미있는 사회 문제도 발생하곤 하는데요. '재미있는' 사회 문제라고 하니 조금 의아하시겠지만, 아마 이 글을 다 읽고 나면 정말 흥미롭다는 느낌이 드실 겁니다.
　지금부터 소개해 드릴 사회 문제는 바로 '공무원 연금 제도 도입'과 관련한 문제입니다. 간단하게 설명하면 공무원 학생과 그들이 고용한 아르바이트 학생, 그리고 무직자 학생 간의 갈등 때문에 일어난 사회 문제입니다. 그 사회 문제의 해법을 찾으면서 공무원 연금 제도가 도입되었고요.
　도대체 어떤 이야기일지 궁금하시죠?

이야기

공무원 은 왜 겸직이 안 되나요?

사건의 시작 : 공무원들의 과도한 업무

일이 너무 많아서 힘들어요!

사건이 발생할 당시 반에는 재정 공무원, 세무 공무원, 학급 가게 관리원, 은행원 이렇게 네 가지 직업이 있었습니다. 그리고 직업별로 공무원을 1명씩 고용한 상태였습니다. 하지만 반 학생 수가 25명이나 되었기 때문에 공무원들의 업무량이 적지 않았습니다.

재정 공무원의 경우 25명의 친구에게 한 명씩 임금을 나눠 주고, 장부에 꼼꼼하게 정리해야 했습니다. 게다가 세무 공무원이 세금을 거둬 오면 금액을 확인한 후 정부 통장에 넣고, 잔액이 정확한지도 확인해야 했습니다.

세무 공무원 역시 일이 쉽지 않았습니다. 매주 금요일마다 세금을 거둬들이는데, 아무래도 돈이 빠져나가는 것이다 보니 친구들이 자발적으로 세금을 납부하는 경우가 많지 않았습니다. 그래서 세금을 납부하지 않은 친구들을 일일이 찾아가 세금을 받아 내기도 하고, 이미 돈을 다 써 버린 친구들은 다음 주에 임금을 받을 때 다시 찾아가 세금을 징수하기도 했습니다. 그렇게 세금을 받을 때마다 꼼꼼히 장부에 정리도 해야 했고요.

학급 가게 관리원이나 은행원의 역할도 쉽지 않았습니다. 하지만 직업 활동은 결코 쉽지 않은 일이고, 돈을 벌기 위해서는 힘들어도 참고 노력해야 한다는 것을 알았으면 하여 공무원을 더 뽑지는 않았습니다. 그러다 보니 공무원 학생들은 과도한 업무량을 해결할 다른 방법을 찾을 수밖에 없었죠.

■ 공무원들, 아르바이트생을 고용하다

결국 공무원 학생들이 찾아낸 방법은 자기 일을 나눠서 해 줄 수 있는 아르바이트생을 고용하는 것이었습니다.

당시 공무원 학생들은 모든 학생이 받는 500캔의 기본임금 외에도, 직업을 가진 학생들이 받을 수 있는 추가 임금 300캔을 받고 있었습니다. 공무원 학생들은 친한 친구를 아르바이트생으로 고용하였고, 아르바이트생에게 추가 임금 300캔 중 150캔을 나눠 주고 일을 시켰습니다.

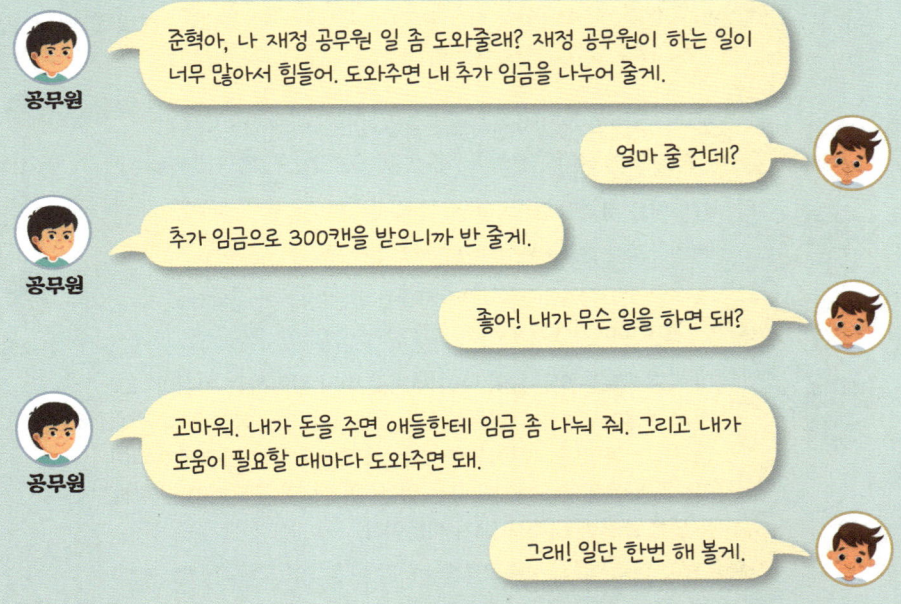

이렇게 공무원 학생들과 아르바이트생의 공생 관계가 시작되었습니다.

물론 이러한 모습은 저도 금세 알게 되었습니다. 하지만 학생들의 자율적 판단과 선택을 최대한 존중하는 것이 경제·금융교실 프로젝트의 기본 정신이므로 특별히 개입하지 않고 지켜보기로 했습니다.

▍공무원보다 돈을 더 많이 버는 아르바이트생 등장

시간이 지나면서 공무원 학생들이 고용한 아르바이트생 중 몇몇은 2~3개의 아르바이트를 하기도 했습니다. 그러다 보니 아르바이트생들이 공무원 학생들보다 돈을 더 많이 버는 경우가 생겼고, 공무원 학생들은 자신이 고용한 아르바이트생들이 돈을 더 많이 버는 것에 질투를 느끼기 시작했습니다.

또 시간이 지나면서 공무원 학생들은 일이 점점 익숙해졌고, 아르바이트생까지 고용한 상태라 일이 전혀 힘들지 않게 되었습니다. 그러면서 자연스럽게 자신도 아르바이트생들처럼 일을 더 해서 많은 돈을 벌고 싶다는 생각을 하게 되었죠.

하지만 공무원에게는 한 가지 중요한 제약이 있었습니다. 바로, 겸직 금지!

선생님, 저희도 더 일해서 많은 돈을 벌고 싶은데 왜 안 되나요? 공무원

 공무원은 겸직이 금지되어 있기 때문이란다.

남는 제 시간을 이용해서 돈을 버는 건데 왜 금지하죠? 공무원

 이 프로젝트는 어른들의 현실 세계를 미리 경험하는 거잖아? 그런데 현실에서는 공무원들이 겸직하는 것을 허용하고 있지 않아. 겸직을 허용하면 자신이 하고 있는 공적인 일을 자신에게 이익이 되도록 악용할 수도 있고, 다른 일을 하다 보면 공무원이 해야 하는 일에 소홀해질 수도 있기 때문이야.

그렇지만 저희가 고용한 아르바이트생이 저희보다 돈을 더 많이 버는 건 억울해요. 공무원

 그러면 더 이상 아르바이트를 쓰지 말고 혼자서 일하는 건 어때? 아니면 아르바이트비를 조금 줄여 보렴.

그러자고 했는데 아르바이트생들이 그렇게 안 하겠대요. 이미 다 약속한 건데, 공무원들이 일방적으로 기간이랑 임금을 바꾸는 게 어디 있느냐면서요. 공무원

처음에는 문제를 쉽게 생각했는데, 공무원 학생들과 이야기를 나눠 보니 단순한 문제가 아님을 알게 되었습니다.

프로젝트 말고도, 서로 간의 약속을 지키지 않아 학생들이 다투는 경우가 왕왕 있습니다. 대강 구두로 약속하다 보니 나중에 보면 원래 약속했을 때의 조건들이 다르게 해석되기도 하고, 약속을 명확하게 하지 않았기 때문에 핑계를 댈 만한 구실이 많기 때문입니다.

지금 이 경우도 마찬가지라고 생각합니다. 아르바이트생을 고용할 때 기간을 정확히 명시하고, 고용 조건을 간단하게라도 적어 두었다면 문제는 의외로 쉽게 해결되었을 것입니다.

이 외에도 경제·금융교실 프로젝트를 하다 보면 친구들과 돈을 거래하는 등 다양한 거래를 하게 됩니다. 이렇게 거래가 많아지다 보면 서로의 의견이 충돌하는 상황이 많이 발생하는데요. 이를 방지하기 위해서는 아래와 같이 계약서를 작성하고, 사인을 하도록 안내하면 좋습니다.

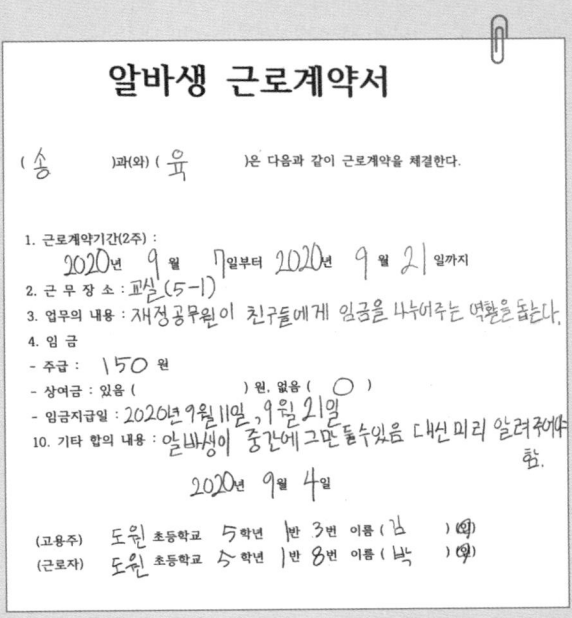

활동 1 문제 해결을 위한 학급 회의 개최하기 [선택]

결국 이 문제는 선생님이 해결하기보다 학급 회의에서 함께 해결해 보기로 했습니다.

답구쌤: 오늘 학급 회의에서는 공무원 학생들과 아르바이트 학생들 간의 갈등을 해결하는 방법을 다 같이 찾아보겠습니다. 우선 공무원 학생 중 한 명이 지금 상황에 대해서 설명해 주시기 바랍니다.

도운 (공무원 학생): 네, 제가 발표하겠습니다. 저는 재정 공무원인데 지난달 공무원 일을 처음 시작했을 때 일이 너무 힘들어서 준혁이를 아르바이트생으로 고용하였습니다. 그런데 준혁이가 현우한테도 아르바이트 일을 받아서 하는 겁니다. 그러다 보니까 이제는 저보다 돈을 더 많이 벌고 있습니다. 그래서 선생님께 공무원도 아르바이트를 할 수 있게 해 달라고 말씀드렸는데, 공무원은 겸직이 금지되어 있어서 안 된다고 하셨습니다. 그래서 준혁이한테 이제 아르바이트를 안 해도 된다고 했는데, 준혁이는 자기와 한 약속을 어기는 거라면서 안 된다고 하고 있습니다.

답구쌤: 그러면 이번에는 아르바이트 학생 중에서 누가 의견을 얘기해 볼까요?

준혁 (아르바이트 학생): 제가 발표하겠습니다. 저는 열심히 노력해서 돈을 버는 건데, 아르바이트생은 공무원보다 돈을 많이 벌면 안 된다고 생각하는 것이 이해되지 않습니다. 공무원들도 돈을 많이 벌고 싶으면 공무원을 그만두고 아르바이트를 하면 된다고 생각합니다. 그리고 처음에 제가 아르바이트를 한다고 했을 때 공무원 학생이 분명 계속 같이 일하자고 하였습니다. 이렇게 갑자기 아르바이트를 그만두라는 건 약속을 어기는 것입니다.

그런데 회의가 진행되면서 전혀 예상치 못한 불만 사항을 토로하는 학생들이 나타났습니다. 공무원도 아니고 아르바이트생도 아닌 무직자 학생들 사이에서도 불만이 터져 나온 것입니다.

예준: 선생님, 저도 불만이 있습니다. 저도 일을 하고 싶은데 공무원들이 아르바이트를 안 시켜 줍니다. 같은 유치원 출신이나 작년에 같은 반이었던 친한 친구들만 아르바이트를 시켜 주는데 이것도 잘못됐다고 생각합니다.

생각보다 사안이 많이 복잡하네요. 정리해 보면 겸직 금지로 아르바이트생보다 돈을 못 벌어서 불만인 공무원 학생들, 자기들은 열심히 노력한 대가를 받는 것이라는 아르바이트 학생들, 일하고 싶어도 기회가 없다는 무직자 학생들, 이렇게 세 개의 집단으로 나뉘었습니다. 그래서 불만 사항을 하나씩 해결할 수 있는 방법을 찾아보기로 했습니다.

우선 현실 세계에서도 공무원들의 겸직을 금지하고 있기 때문에 불만이 있을 텐데, 그럼에도 불구하고 공무원을 하려는 사람이 많은 이유는 무엇인지 조사해 오기로 했습니다.

> **달구쌤 Tip**
> 프로젝트에서 학급 회의는 보통 '각자의 의견 들어보기 ⇨ 해결 방법에 관한 아이디어 내기 ⇨ 토의·토론하기 ⇨ 투표하기'의 순서대로 진행됩니다. 여기서 가장 핵심은 토의·토론으로 서로 양보하고 절충하며 해결 방법을 찾아가는 것입니다.

❸ 공무원 VS 아르바이트생 VS 무직자

활동 2 　공무원 연금 제도 도입하기 〔선택〕

　다음 날, 학급 회의를 다시 개최했습니다.

　우선 현실 세계에서 공무원이라는 직업이 인기가 많은 이유를 조사하고 그 결과를 발표해 보았습니다. 다양한 장점이 나왔지만 노후가 보장된 안정성, 공무원 연금 제도가 눈에 띄었습니다. 그래서 경제·금융교실에서도 이 두 가지를 도입하기로 했습니다.

　우선 공무원 학생들 본인이 희망하는 경우, 프로젝트가 끝날 때까지 일을 계속할 수 있는 학급 규칙을 만들었습니다. 더불어 공무원 학생들 임금 중 100캔을 공무원 연금으로 납부하고, 정부도 100캔을 공무원 연금으로 납부하여 모은 후, 나중에 원할 때 모은 돈을 지급해 주기로 하였습니다.

　다음으로 아르바이트 학생들의 고용 기간을 2주로 한정 짓기로 하였습니다. 또한 동일한 아르바이트는 2회 연속으로 할 수 없게 하였습니다. 이렇게 되면 아르바이트 학생들이 불만을 느끼게 되지만, 대신 몇 개의 아르바이트를 하든 문제 삼지 않기로 하였습니다.

　마지막으로 아르바이트생을 고용할 때마다 항상 고용 계약서를 작성하기로 하였습니다. 이렇게 하여 무직자 학생들의 불만을 해결해 주었습니다.

　이 해결 방법을 만들어 낸 후에 투표를 하였는데, 많은 학생이 찬성하여 다행히 이번 사회 문제를 잘 해결할 수 있었습니다.

> **달구쌤 Tip**
>
> 경제·금융교실을 운영하다 보면 종종 학생들이 서로를 고용하는 일이 있습니다. 그럴 때 분쟁이 발생하기도 하는데요. 서로 구두로 약속을 하다 보니 약속이 명확하지 않아 분쟁이 발생하는 경우가 대부분입니다. 이런 분쟁을 미연에 방지하기 위해 표준 근로 계약서를 도입할 수 있습니다.

활동3 일자리 창출: 공무원 연금 관리원 [선택]

규칙을 만든 후에는 그 규칙을 실현하기 위한 제도를 마련했습니다.

앞에서 결정한 것처럼 공무원들에게 100캔, 정부에게서 100캔의 돈을 받아 따로 저축하고 관리할 수 있게 '공무원 연금 관리원'을 고용하고 '공무원 연금 관리 장부'도 만들어 주었습니다.

회의를 통해 사회 문제를 함께 해결한 것뿐만 아니라, 의미 있는 새로운 일자리까지 창출하는 좋은 계기가 되었습니다.

공무원연금관리장부 <9, 10월>
공무원 연금 관리 공무원: (이   )

번호	이름	9월 17일	10월 2일	2일	2일	10월 5일	12일	19일	26일				전체 합계
1	강	100	100	100	100	100	100	100	100				
2	김												
3	김	100	100	100	100	100	100	100	100				
4	김	100	100	100	100	100	100	100	100				
5	김												
6	김	100	100	100	100	100	100	100					
7	김												
8	박												
9	배	100	100	100	100	100	100	100	100				
10	서												
11	송												

이 수업이 더 궁금하시다면?
달구쌤 영상 보러 가기▶

❹ 믿음을 평가하는 제도가 있다고요?

＊이야기 신고 제도 싫어요!

활동 1 신용 평가 제도 조사하기 [선택]

활동 2 우리 반 신용 기준과 혜택 정하기

활동 3 신용 평가하기

활동 4 신용 평가 결과 안내판 만들기 [선택]

　어른들에게 신용 등급은 매우 중요합니다. 신용 등급이 높으면 다양한 금융 혜택을 누릴 수 있고, 낮으면 대출 등 금융 활동을 하는 데 제약이 되기도 합니다. 그래서 어른들은 신용도를 높이기 위해 공과금과 카드 사용료, 휴대 전화 이용료를 제때 납부하고 경제·금융과 관련된 약속을 잘 지키려 노력합니다.

　미래 금융 소비자로 살아갈 우리 학생들도 신용 평가 제도를 미리 경험해 보기를 바라며, 우리 교실에도 '신용 평가 제도'를 도입해 보았습니다. 신용 평가 항목을 잘 관리하고 좋은 등급(경제·금융교실에서는 신용 점수제보다는 신용 등급제를 이용합니다.)을 유지하는 경험을 통해 학생들은 자기 관리 능력을 탄탄히 기를 수 있을 것입니다.

　그럼 우리 반 신용 평가 제도가 어떻게 탄생했는지, 그 시작부터 함께 살펴보실까요?

> 이야기

신고 제도 싫어요!

경제·금융교실을 시작할 당시, 돈의 쓰임을 늘리기 위해 학급 규칙에 '벌금 제도'를 도입했습니다. 벌금 제도의 규칙이 하나둘 늘어났고, 그만큼 학생들이 벌금을 내야 할 일이 많아졌습니다. 또 학생들이 자율적으로 규칙을 지킬 수 있도록 학급 경찰을 고용하고, 규칙을 어기는 친구를 발견하면 학급 경찰이나 선생님에게 신고하도록 했습니다.

▎벌금 제도의 부작용, '신고 남발'

그런데 학급 분위기는 선생님의 생각과 다른 방향으로 흘러갔습니다. 시간이 지나면서 학생들의 신고가 점점 늘어났고, 경찰에게 벌금을 무는 학생도 늘었습니다. 더불어 선생님에게 억울함을 호소하는 학생도 늘어났습니다.

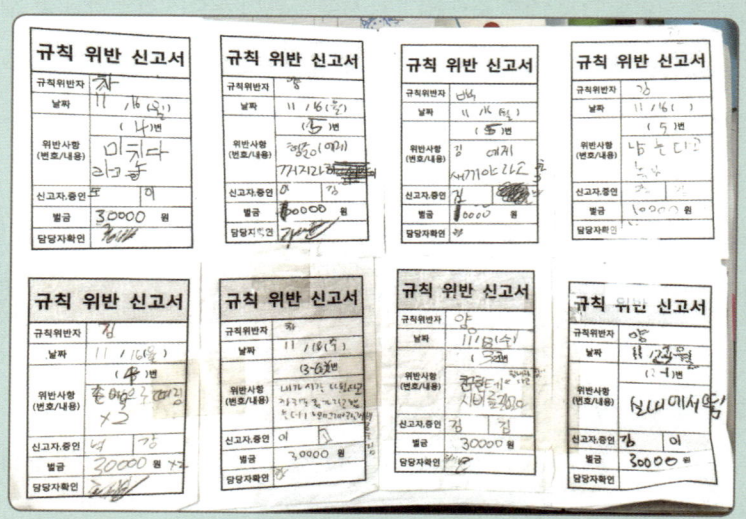

특히 욕설이나 비방으로 친구의 기분을 나쁘게 하면 벌금을 물어야 한다는 규칙과 관련한 신고가 가장 많았습니다. 학생들의 불만은 점점 심해지고, 심지어 서로를 미워하기 시작했습니다.

학급 회의로 공감대 형성, "신고 제도 싫어요!"

상황이 점점 나빠지는 것 같아, 우선 학급 회의를 열어 학생들의 불만을 들어 보았습니다.

선생님은 우리 반 학생들이 규칙을 잘 지켰으면 하는 마음에서 벌금 제도와 신고 제도를 만들었는데, 이 제도 때문에 힘들어하는 친구들이 있는 것 같아요. 그래서 이번 학급 회의에서 어떤 점이 힘든지, 어떤 점을 고쳤으면 좋겠는지 얘기하면 좋겠습니다.

저는 신고 제도 때문에 친구 사이가 더 안 좋아졌다고 생각합니다. 그래서 신고 제도를 없애면 좋겠습니다.

저는 경찰이라서 친구들이 신고를 하면 확인하고 벌금을 받으러 가는데, 요즘 따라 신고가 너무 많아서 힘듭니다. 그리고 벌금을 받으려고 해도 자기 잘못이 아니라고 말하는 친구들이 많아서 힘듭니다.

신고를 많이 당하면 돈을 많이 내야 한다는 점도 힘듭니다.

생각보다 많은 학생이 신고 제도 때문에 힘들어하고 있었지만, 학생들이 서로 과격한 언행을 할 때가 종종 있어서 벌금 제도와 신고 제도를 바로 없앨 수도 없었습니다. 그래서 더 좋은 방법을 찾기 위해 학급 회의를 계속 이어 갔습니다.

대부분이 '사랑의 매로 벌하기, 학교 마치고 남기, 국어책 베껴 쓰기 벌칙'과 같은 대안을 제안했고, 더 강력한 벌금으로 다스려야 한다고 제안하는 학생도 많았습니다. 결국 별다른 소득 없이 학급 회의는 끝이 났고, 집에서 이 문제를 해결할 수 있는 방법을 각자 더 생각해 보고 학급 게시판에 자신의 의견을 남기기로 했습니다.

규칙을 잘 지키는 사람을 칭찬하는 건 어떨까요?

> 하 5기 15.11.17. 19:33
> 오늘 6교시에 여러 벌칙과 벌금 규칙을 정하였다. 놀리는 행위가
> 가장 무거운 형벌로 정해졌다.
> 선생님 께서는 돈으로 해결하려고 하지말라 하신다.
> 나는 돈으로 해결하지 않으려면
> 벌칙,벌금을 없애고
> 규칙을 정해 지키는 사람은 이익을
> 어기는사람은 불이익을 주면 좋겠다.
> 예를 들면 규칙을 지키는 사람만
> 살수있는 혜택권,복권을 5장에서 몇장
> 더 구매할수있는능력? 등등 여러가지 방법이 있는것같다.

"못한 사람에게 벌금 물지 말고 잘한 사람에게 혜택을 주자."

학급 게시판에 학생들이 올린 의견 중 좋은 의견이 있었습니다. 돈으로 문제를 해결하려고 하기보다, 벌금을 없애고 규칙을 잘 지키는 사람에게 이익을 주자는 것이었습니다.

사실 규칙을 만들 때 주로 뭔가를 하지 말라고 하고, 그것을 안 지킨 사람을 벌하는 경우가 많습니다. 반대로 생각하면 좋은 행동을 하라고 권할 수도 있고, 그 행동을 잘했을 때 칭찬이나 혜택을 줄 수도 있는 것인데 말이지요.

'규칙을 잘 지키는 학생을 칭찬하자'는 의견을 보니 신용 평가 제도가 떠올랐습니다. 경제·금융교실에서 신용 평가 제도를 배우는 것이 교육적으로 의미가 있을 뿐더러, 신용 등급이 높은 학생들에게 혜택을 준다면 학생들도 적극적으로 참여할 것이라는 생각이 들었습니다.

그래서 다음 날 다시 학급 회의를 열어 학생들에게 학급 게시판에 올라온 의견을 설명해 준 다음, 신용 평가 제도를 제안했습니다. 학생들도 혜택을 받을 수 있다는 생각에 긍정적인 마음으로 흔쾌히 제안을 받아들였습니다.

활동1 신용 평가 제도 조사하기 [선택]

신용 평가 제도를 본격적으로 도입하기 전, 학생들에게 신용 평가 제도에 대해 조사하는 숙제를 내 주었습니다.

신용 평가 제도가 무엇인지, 무엇을 기준으로 점수나 등급을 매기는지, 어른들은 어떻게 신용 점수 혹은 신용 등급을 관리하는지 등을 공책에 간단하게 적어 오도록 합니다. 인터넷 검색도 좋지만, 부모님과 면담하여 조사하게 하면 아이들이 더 생생한 이야기를 들을 수 있습니다.

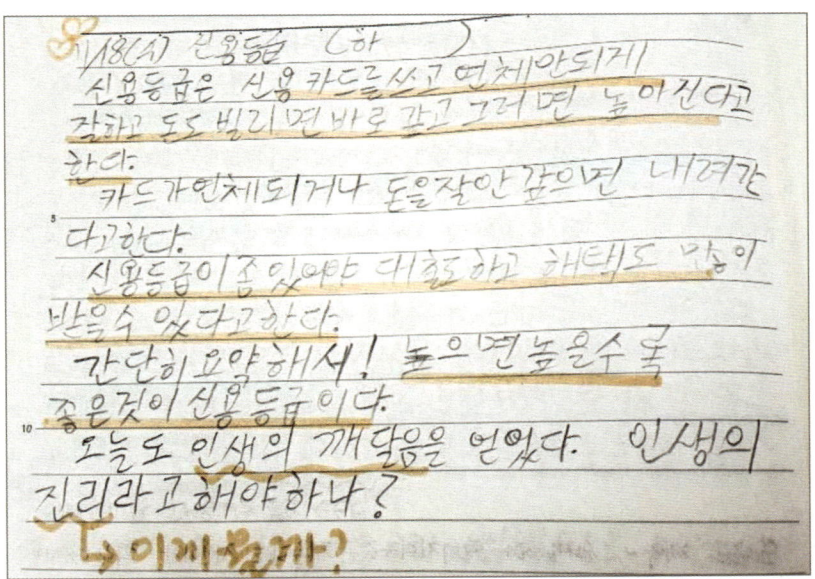

달구쌤 TIP

신용 평가 제도를 조사할 때 학생들이 가장 흥미를 보이는 것은 신용 점수나 등급을 높게 유지하는 방법입니다. 특히 신용 카드 대금을 제때 납부하고, 공과금이 밀리지 않고, 휴대 전화 요금을 잘 내야 좋은 점수를 유지할 수 있다는 것을 알고 신기해합니다.

최근에는 SNS에서 기록한 글 등 인터넷 세상에 남긴 자신의 발자취 하나하나가 신용 평가의 대상이 됨을 알려 주면서 정보 통신 윤리 교육도 함께 할 수 있습니다.

활동 2 우리 반 신용 기준과 혜택 정하기

　신용 평가 제도가 무엇인지 이해한 다음, 학생들에게 우리 반 신용 평가 제도를 소개해 주었습니다.

　신용은 그 사람에 대한 믿음입니다. 믿음을 확인하는 방법은 여러 가지가 있습니다. 어른들은 각종 공과금, 카드 대금을 잘 납부하는 것 등이 믿음의 근거가 되지만, 학생들은 얼마나 바른 습관으로 학교생활을 잘하고 있는지가 믿음의 근거가 됩니다.

신용을 높여요!

1. 신용 등급이 뭔가요? 왜 필요한가요?

　사람들 사이에 서로 믿음이 있어야 돈을 주고받을 수 있기 때문에 금융에서 신용은 매우 중요합니다. 과거의 신용 거래 경험이나 현재의 신용 거래 상태를 바탕으로 신용 등급을 매깁니다. 돈의 액수보다는 내야 할 돈을 제때 내는지, 성실하게 경제 활동을 하는지 등이 더 중요합니다. 신용이 좋으면 금융 거래에서 더 좋은 대우를 받습니다.

2. 우리 반 신용 기준

생각튼튼	아침 책 읽기	마음튼튼	선행하기 (착한 일 하나 하기)	몸튼튼	자가 진단 앱 체크하기
	숙제하기				급식 다 먹기
	영어 공부하기				사회적 거리두기

3. 우리 반 신용 혜택

신용 등급	등급별 혜택			
	임금 보너스	과자 가게	혜택권	은행
1	300캔	반값	반값	100캔을 맡기면 일주일에 이자 20캔
2	200캔	반값	반값	100캔을 맡기면 일주일에 이자 20캔
3	100캔	해당 없음	해당 없음	100캔을 맡기면 일주일에 이자 10캔
4	없음	해당 없음	해당 없음	100캔을 맡기면 일주일에 이자 10캔
5	없음	해당 없음	해당 없음	100캔을 맡기면 일주일에 이자 10캔

※ 이번 주에 스스로 표시한 결과가 다음 주의 신용 등급이 됩니다.
※ 일주일마다 새로 바뀝니다.

우리 반은 '생각튼튼(지), 마음튼튼(덕), 몸튼튼(체)'이라는 기본 항목에 맞춰 학생들의 신용 평가를 실시하고 있습니다.

생각튼튼에는 '아침 책 읽기와 숙제하기, 영어 공부하기'를, 마음튼튼에는 '선행하기(착한 일 하나 하기)'를, 몸튼튼에는 '급식 다 먹기'와 당시 코로나 시국에 맞춰 '자가 진단 앱 체크하기, 사회적 거리두기'를 포함하였습니다. 코로나 시기가 아닐 때는 생각튼튼에 '글쓰기', 마음튼튼에 '인사 나누기', 몸튼튼에 '운동하기'나 '골고루 먹기'를 넣기도 했습니다.

그리고 학급 회의를 통해 신용 등급을 5등급으로 정하고, 높은 등급을 받은 사람에게는 기본임금과 과자 및 혜택권 구입 등에서 혜택을 주기로 했습니다. 그리고 매주 한 번씩 신용 평가를 실시하기로 규칙도 정했습니다.

> **달구쌤 Tip**
>
> 신용 기준과 혜택은 학급의 특성과 선생님의 성향에 따라 얼마든지 바꿀 수 있습니다.
> 학급에 특색 있는 교육 활동이 있다면 그것을 신용 기준으로 넣을 수도 있습니다. 예를 들어 제가 활동하는 경제·금융교육연구회 선생님 중 한 분은 네이버에 학급 카페를 운영하고 있는데, 카페 활성화를 위해 카페 게시물에 댓글을 다는 횟수를 신용 기준에 넣기도 했습니다.

활동 3   신용 평가하기

이제 본격적으로 신용 평가를 실시해 볼까요?

학생들은 매주 아래에 보이는 신용 평가표에 지난 일주일을 반성합니다. 월요일부터 금요일까지 항목별로 실천 여부를 체크하고 등급을 매기면 됩니다.

스스로 확인표 이름: ( )		6/12 (월)	6/13 (화)	6/14 (수)	6/15 (목)	6/16 (금)	다음 주 신용 등급 (4)등급				
생각 튼튼	책 읽기	○		○			5급	4급	3급	2급	1급
	글쓰기	○		○	○		5급	4급	3급	2급	1급
마음 튼튼	인사 나누기 "○○야, 안녕?"	○	○	○	○	○	5급	4급	3급	2급	1급
	선행하기 착한 일 하나	○	○	○			5급	4급	3급	2급	1급
몸 튼튼	운동하기		○		○		5급	4급	3급	2급	1급
	골고루 먹기	○					5급	4급	3급	2급	1급

평가표에는 기본 점수가 음영으로 표시되어 있습니다. '책 읽기'처럼 학생들이 매일 실천하기 힘든 항목은 기본 점수로 2점을 주므로 5급, 4급 두 칸이 음영으로 표시되어 있습니다.

그리고 월요일과 수요일에 '책 읽기'를 실천하여 '○'를 표시한 것을 확인할 수 있는데요. 결과적으로 기본 점수에 2점(3급, 2급)을 더 체크하여 '책 읽기' 항목에서 2등급을 받습니다. '골고루 먹기'는 기본 점수로 1점(5급)을 주고 있습니다. 그런데 위 표를 보면 급식을 골고루 다 먹은 날이 월요일밖에 없기 때문에 기본 점수에 1점을 더해 4등급이 되는 것입니다.

최종 등급은 모든 평가 항목 중에서 가장 등급이 낮은 항목의 등급이 됩니다. 학생들 입장에서는 조금 억울하겠죠? 실제로 처음 신용 평가를 실시했을 때 불만을 가지는 학생도 있었습니다. 한 항목에서 잘못하면 다른 항목에서 열심히 한 것들도 무용지물이 되니까요.

하지만 기본 생활 습관은 어떤 것을 잘하면 다른 것들을 등한시해도 되는 것이 아니라, 모든 습관을 골고루 잘 기르는 것이 중요하기 때문에 이와 같은 방식으로 최종 등급을 매기고 있습니다.

> **달구쌤 TIP**
>
> 신용 평가 제도를 시행할 때 '신용 평가원'이라는 직업을 새로 만들어도 좋습니다. 친구들이 작성한 신용 등급표를 수거하여 신용 등급 장부에 기록하고, 신용 등급 현황판에 친구들의 신용 등급을 게시하는 역할을 맡길 수 있습니다.

 저학년 수업을 진행하신다면?

저학년 학생들은 학교와 가정에서 기본적인 생활 습관을 기르는 것이 중요하기 때문에 선생님들께서 이미 다양한 형태의 생활 점검표를 만들어 운영하시곤 합니다. 이런 경우 신용 평가 제도를 도입한다고 해서 특별히 새로운 평가표를 만드실 필요는 없습니다. 원래 사용하던 생활 점검표의 항목에 맞춰서 등급을 정하고, 전체 신용 등급을 매기시면 됩니다.

혹시 생활 점검표를 사용하고 계시지 않다면 이번 기회에 신용 평가 제도를 도입하여 학생들의 생활 태도를 점검해 보세요. 저학년인 만큼 너무 많은 항목을 평가하기보다는 중요하게 생각되는 몇 가지 항목을 중심으로 운영하시는 것이 좋습니다. 제가 만든 신용 평가를 예로 들면, 지·덕·체에 평가 항목이 1~3개씩 있는데 이것을 모두 1개로 줄이면 좋을 것 같습니다. 매달 평가 항목을 바꿔 가면서 그달에 학생들에게 강조하고 싶은 습관을 세 가지 정도 골라 평가하는 방법도 좋습니다.

활동 4 신용 평가 결과 안내판 만들기 〔선택〕

저는 교실 한편에 안내판을 만들어 학생들의 신용 평가 결과를 게시하였습니다.

신용 등급을 직접적으로 게시하는 것을 꺼리는 선생님이 계실 수 있습니다.

그러나 누구든 조금만 노력하면 신용 등급을 높일 수 있고, 절대 평가이기 때문에 모든 학생들이 높은 등급을 받을 수도 있으며, 무엇보다 매주 평가가 이루어지기 때문에 학생들에게 동기를 부여하는 데도 의미가 있다고 판단했습니다. 특히 생활 습관이 많이 개선된 학생들을 칭찬하고 격려해 줄 수도 있고요.

달구쌤: 여러분이 열심히 노력한 결과 우리 반 신용 등급이 많이 향상되었습니다.

학생들: 우아!

달구쌤 특히 현빈이의 신용 평가 결과를 보세요. 지난번에는 4등급이었는데, 이번 주에는 무려 1등급이 되었네요.

학생들 (다같이 박수)

이 수업이 더 궁금하시다면?
달구쌤 영상 보러 가기▶

5 상속 제도, 이건 좀 억울한데요!

활동 1 무지의 베일이 무엇인가요? [선택]

활동 2 상속 아이디어 생각하기 [선택]

활동 3 상속 제도에 대한 솔직한 감정 적기 [선택]

활동 4 학급 회의로 상속 아이디어 나누기 [선택]

활동 5 본격 찬반 토론하기 [선택]

활동 6 부자 학생들을 위한 타협안 제시하기 [선택]

*이야기 좋아, 싫어! 상속 활동에 대한 가지각색 반응들

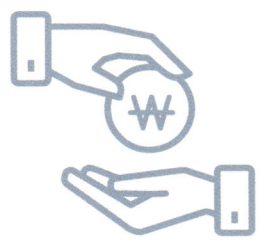

    여름 방학이 되면 경제·금융교실은 한 달여간 휴식에 들어갑니다. 교실 경제 자체가 멈추는 것인데요. 아무런 활동이 없는 여름 방학을 이용하여 뭔가 의미 있는 경제 활동을 해보고 싶었습니다. 그래서 오래전부터 생각만 하고 차마 실천하지 못했던 활동 하나를 꺼내 보았습니다. 바로 '상속 활동'입니다.

    상속 활동은 여름 방학 전까지 모아둔 재산을 자신이 그대로 가져가는 것이 아니라, 다른 사람에게 상속을 하는 활동입니다. 자신의 재산이 누구에게 상속될지는 아무도 모르는 것이고요. 힘들게 모은 재산이 누군가에게 상속될지 모르는 상황 속에서 우리 학생들은 과연 어떤 반응을 보였을까요?

활동1 무지의 베일이 무엇인가요? [선택]

본격적으로 상속 방법을 정하기 전에 먼저 '무지의 베일'이 무엇인지 알아보았습니다. 학생들이 좀 더 넓은 시야에서 상속 방법 회의에 임했으면 하는 마음이었지요.

달구쌤: 오늘은 정의와 관련하여 '무지의 베일'을 배워 볼 거예요. 혹시 무지의 베일이라고 들어 본 친구가 있나요?

학생: …….

달구쌤: 무지의 베일은 존 롤스라는 철학자가 정의를 위해서 만든 개념이에요.

▲ 존 롤스

유튜브에 '무지의 베일'을 검색하면 개념을 쉽게 설명해 주는 영상이 많습니다. 영상을 함께 살펴본 후, 학생들에게 무지의 베일을 아래와 같이 설명해 주었습니다.

영국의 철학자 제러미 벤담은 사회 정의의 한 방법으로 '공리주의(최대 다수의 최대 행복)'를 주장했습니다. 그 후 최대한 많은 사람을 즐겁고 행복하게 만드는 것이 사회 정의로 인식되었지요. 공리주의로 인해 정치적으로는 다수결의 원칙이 중요해졌고, 경제적으로는 시장 자본주의가 발전했습니다.

그런데 다수결의 원칙으로 사회의 중요한 일을 결정하다 보니, 소수의 의견은 소외되었고, 사람들은 점점 공리주의가 완벽한 정의가 아니라는 것을 깨닫게 되었습니다.

이렇게 사회적 갈등이 커지고 있을 때, 미국의 철학자 존 롤스는 소수의 사람들도 배려할 수 있는 사회적 의사 결정 방법으로 '무지의 베일'을 주장합니다.

의사 결정을 할 때 자신에게 이익이 되는지에 얽매이지 않고, 누구의 편도 아닌 입장에서 중요한 규칙을 정하는 것이 바로 '무지의 베일'입니다. 예를 들어 상속하는 규칙을 만들 때 그 규칙과 아무런 관련이 없는 사람들이 더 정의롭게 규칙을 정할 수 있다는 뜻인데요. 그러면 자연스레 소수의 의견이 소외되는 일도 줄어들게 되겠지요.

> **달구쌤 TiP**
> 상속 활동을 할 때 가장 중요한 것은 '보안'입니다. 앞으로 상속 활동이 진행된다는 사실을 학생들이 미리 알아서는 안 된다는 것입니다. 학생들이 상속 활동에 대해 알게 되면, 금세 자신의 돈을 다 써 버릴 수도 있으므로 조심하셔야 합니다.

활동 2 상속 아이디어 생각하기 [선택]

'무지의 베일'을 학습한 뒤, 경제·금융교실의 모든 활동을 멈췄습니다. 그리고 학생들에게 상속에 대해서 안내했습니다.

달구쌤: 여러분, 지금 이 순간부터 교실의 모든 경제 활동을 멈춥니다. 지금까지 모은 돈은 다른 친구에게 상속될 것입니다. 그리고 상속받은 돈은 여름 방학이 지난 뒤부터 자신의 돈이 됩니다.

학생: ……! (청천벽력)

달구쌤: 단, 누군가에게 상속될지는 우리가 정할 수 없지만 어떤 방법으로 상속할지는 우리가 함께 얘기해서 정할 수 있습니다.

학생들은 깜짝 놀라 '선생님이 무슨 말씀을 하시는 거지?', '상속? 내 재산을 다른 사람에게 준다고?' 하는 표정이었습니다.

우선 학생들에게 어떤 방식으로 상속을 하면 좋을지, 각자 아이디어를 생각해 볼 수 있는 시간을 주었습니다.

▎"일부만 상속하자!"파

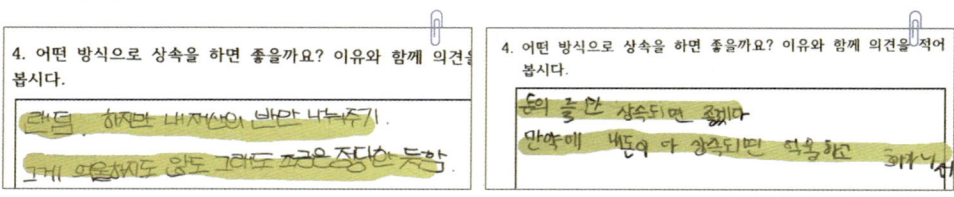

가장 많이 나온 아이디어는 '자신의 돈 중 일부만 상속하기'였습니다.

열심히 모은 돈을 모르는 누군가에게 상속해야 한다는 것이 너무 억울하기 때문이라네요.

이러한 결과를 보면서 과연 현실에서 무지의 베일로 규칙을 정하는 것이 가능한지 의구심이 들었습니다. 교실 화폐도 이렇게 소중한데, 실제 사회에서 평생 모은 돈을 상속할 때 아무런 이해관계가 없는 것처럼 규칙을 정할 수 있을까요?

▎"랜덤으로 상속하자!"파

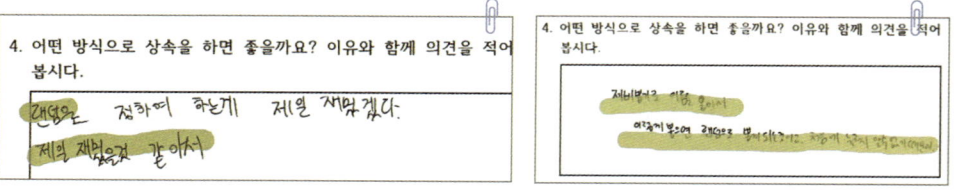

두 번째로 많이 나온 아이디어는 뽑기와 같은 랜덤 방식으로 재산을 상속하자는 것이었습니다.

여기서 인상적인 점이 하나 있었는데요. 우리 반 학생들의 평균 자산은 2,000캔 내외였는데 1,000캔 초반 정도의 자산을 소유하고 있는 학생들 중 상당수가 랜덤 뽑기를 원했다는 점입니다.

사람은 자신의 입장을 벗어나서 생각하기가 정말 힘들다는 것을 다시 한번 느낄 수 있었습니다.

▌"모두 공평하게 나누어 갖자!"파

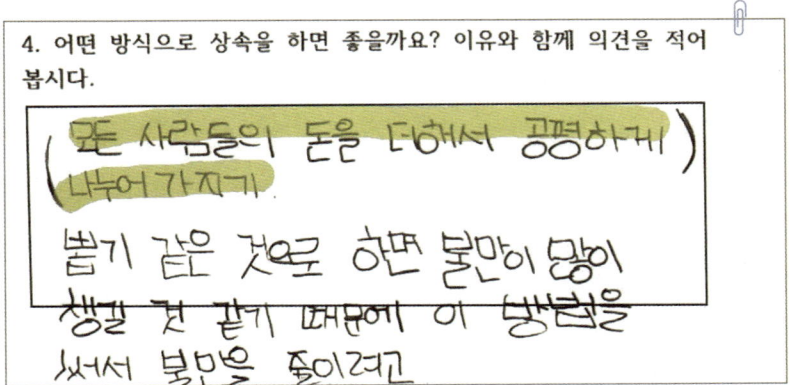

물론 자신의 처지와 상관없이 사회적 평등, 공평함을 고려하여 아이디어를 낸 학생도 있었습니다.

만약 나였다면, 과연 이 학생처럼 내 처지보다 사회적 정의를 먼저 생각할 수 있었을까 하고 반성하게 되었습니다.

> **달구쌤 Tip**
>
> 교실 화폐로 경제·금융교실을 운영하고 있지만, 학생들에게는 교실 화폐도 실제 화폐처럼 중요한 가치를 지닙니다. 따라서 상속 방법에 대한 아이디어를 생각할 때 자신이 가진 교실 화폐의 양이 가장 중요한 결정 요인이 됩니다.
> 물론, 선생님의 말 몇 마디로 학생들이 자신의 입장을 초월하여 정의로운 방법을 고민하게 만드는 일은 어렵습니다. 그래도 최대한 모두에게 공평한 방법을 고민해 보도록 안내하면, 몇몇 아이들은 자신의 입장을 넘어 모두를 위한 방법을 고민하곤 합니다.

활동 3 상속 제도에 대한 솔직한 감정 적기 [선택]

상속 제도를 들은 학생들은 제가 예상했던 것보다 훨씬 더 감정의 동요를 보였습니다. 그래서 학생들이 자신의 감정을 추스르고 평정심을 찾을 수 있도록 학습지 뒤에 자신의 감정을 있는 그대로 적어 보는 시간을 가졌습니다.

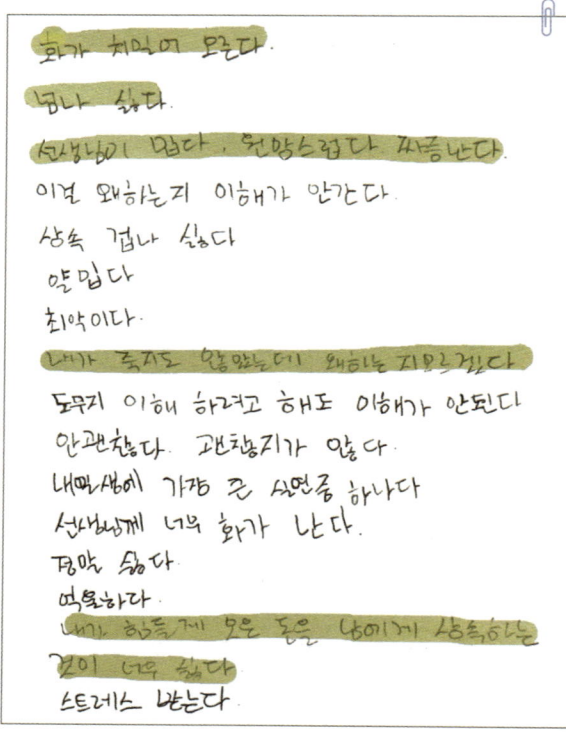

왼쪽 글은 우리 반에서 가장 많은 자산을 보유하고 있는 학생의 글입니다.

학습지에서는 최대한 얌전하게 적었지만, 내용을 살펴보면 실제로 크게 분노하고 있음을 알 수 있습니다.

특히 '내 일생에 가장 큰 실연'이라는 표현을 보며 아주 미안한 마음이 들었습니다.

부자 학생은 아니었지만, 엄청난 분노를 느끼는 학생들도 더러 있었습니다. 특히 여태까지 돈을 쓰지 않고 열심히 모은 것에 억울한 마음을 토로하는 학생들이 많았습니다.

자신이 가진 돈보다 더 많은 재산을 상속받을 가능성이 있는데도, 학생들은 자신의 현재 재산보다 더 적은 돈을 받을지도 모른다는 걱정이 더 커 보였습니다.

> 친구들이 자꾸 짜증난다고하는데 왜 그런지 모르겠고 적지 않은돈을 가지고 있는데 그렇게 억울할지랄 모르겠다. 그래도 조금은 억울한 마음이 들지만 만약 내가 부자가 되 상속자가 된다면 상속받을 아이의 기분을 알게된다고 생각하면 나쁘지 않은 기회(행동)인 것 같다.
> 그래도 김똘, 홍길우 처럼 적은돈은 받기싫고 지원이의 돈을 받고 싶게 어쩔 수 없는 사람의 심리인 것같다. 그리고 한가지 더 깨달은 점이 있다. 돈을 아끼지 않고 조금씩 조금씩 합리적인 소비를 하며 살아간데 이쁜거라고 생각한다. 너무 안쓰고 죽는것보단 좀쓰고 죽는게 낫다고생각 하다

> 나의 돈은 2000전정도있지만 별로 아깝지않다 실제돈이 아니라서 그런것같다. 만약 진짜 돈이였다면 좀더 아까웠을것같다. 곧있으면 새돈도생길것같은데 새돈으로 버든돈보다 이자가 많을것같다. 2000원 만넣어도 2200원이 된다 얼마나 말이 안되는가 현실의 사회도 이렇게 불공평하다니 이상하다 모두가 잘살고 모두가 행복한 삶은 절대 못 맞는것이냐?

하지만 감정에 휩싸이지 않고 현재 상황을 최대한 객관적으로 바라보고 고민하는 학생들도 있었습니다.

어떤 학생은 이번 상속 활동이 다른 사람의 처지를 이해해 보는 기회가 될 것 같다고 말하기도 하고, 너무 돈을 아끼는 것보다 어느 정도 소비를 하는 것이 합리적이었겠다는 깨달음을 말하기도 했습니다.

자신이 가진 재산에 크게 집착하지 않고, 돈 있는 사람이 돈을 더 버는 상황이 불공평하다고 느끼며 모두가 잘 사는 행복한 삶을 고민하는 학생도 있었습니다.

달구쌤 TIP

교실 화폐는 학생들의 소중한 재산이므로 학생들의 감정적인 반응도 있는 그대로 받아 주시면 좋습니다. 단순히 정의로움에 대해 이성적으로 고민하는 것보다, 이처럼 충분히 감정적인 경험도 쌓다 보면 더 깊이 있게 무지의 베일 활동을 이해할 수 있습니다.

❺ 상속 제도, 이건 좀 억울한데요!

활동 4 　학급 회의로 상속 아이디어 나누기 〔선택〕

　지금까지의 학생들 반응만으로도 상속 활동이 쉽지 않겠다는 생각이 강하게 드시지요? 수업 초반에 무지의 베일의 취지와 사회적 정의를 열심히 설명해 주어도, 결국 학생들은 대부분 자신의 입장에서 크게 벗어나지 못하는 모습을 보였습니다.

　이러한 상황에서 본격적으로 상속 방법을 정하기 위한 열띤 학급 회의가 시작되었습니다. 제일 먼저 학생들의 아이디어를 들어보았습니다.

▌재산의 50%만 상속하자

> **지원**: 저는 재산의 50%는 본인이 가지고, 나머지 50%만 상속했으면 좋겠습니다. 왜냐하면 100%를 상속하면 돈을 적게 갖고 있던 사람은 너무 좋고, 많이 갖고 있던 사람은 손해가 커서 불만이 커질 수 있기 때문입니다.

　첫 번째 아이디어는 재산의 50%는 그대로 본인이 갖고, 50%만 상속하자는 것이었습니다. 사실 처음 무지의 베일 활동을 안내할 때는 활동의 취지를 최대한 살리려고 자신이 모은 재산을 본인이 조금도 받을 수 없도록 했습니다.

　하지만 학생들의 반발이 너무 심하여, 최대 50%는 가져갈 수 있게 기본 규칙을 바꾸었습니다. 그랬더니 재산이 많은 학생들이 최대한 자신의 재산을 가져갈 수 있는 방법을 고민하여 아이디어를 냈습니다.

▌상속 비율을 랜덤으로 정하자

> **관영**: 다른 사람에게 자신의 돈을 상속할 때, 룰렛 같은 것을 돌리거나 제비뽑기를 하는 건 어떨까요? 0~50% 중에서 자신이 뽑은 비율만큼만 돈을 가져가고 나머지는 상속하는 거예요!

> **지원**: 그러면 0%를 뽑으면 자기 재산을 다 주는 거네요? 너무너무 싫겠는데요?

두 번째 아이디어는 자신에게 재산이 상속되는 비율을 랜덤으로 정하자는 것이었습니다. 참고로 이 아이디어를 낸 관영이는 재산이 가장 적은 학생 중 한 명이었지요.

자신이 낸 아이디어가 자기에게 유리하다고 생각했는지 민망해하면서 발표를 마쳤는데요. 그래도 나름 자신에게도 이득이 되고, 다른 친구들을 설득할 수 있는 좋은 아이디어를 냈다는 생각이 들었습니다.

▌모든 사람의 돈을 합친 다음 똑같이 나누어 갖자

> **채은**: 모든 사람의 돈을 다 합친 다음에 똑같이 나눠 가지면 좋겠습니다. 모두 돈을 똑같이 나눠 가지니까 불만도 적을 것 같고, 새롭게 경제·금융교실을 시작하는 기분을 느낄 수 있어서 좋을 것 같습니다.

세 번째 아이디어는 모든 재산을 다 합쳐서 모든 친구들에게 공평하게 분배하자는 것이었습니다. 이 아이디어를 낸 채은이는 재산이 꽤 많았는데도, 자신의 입장보다 전체를 생각했다는 점이 신기하고 기특하게 느껴졌습니다.

▌서로 합의하여 상속 비율을 정하자

> **유진**: 상속하는 사람과 상속받는 사람의 돈을 합치고, 서로 합의하여 어떻게 돈을 나눠 가질지 정하면 좋을 것 같습니다.

네 번째 아이디어는 상속할 친구와 상속받을 친구가 서로 합의하여 비율을 정하자는 것이었습니다.

기발한 아이디어였지만, 학생들은 합의하는 과정이 너무 어려울 것 같다는 반응을 보였습니다.

활동 5 본격 찬반 토론하기 [선택]

4가지 아이디어를 모두 들은 학생들은 찬반 토론을 시작했습니다.

관영: 저는 재산의 50%는 자신이 가지고, 나머지 돈을 무작위로 친구들에게 상속하는 것에 찬성합니다. 상속해 주는 친구도 덜 억울하고, 딱 적당한 방법인 것 같습니다.

지원: 그런데 돈이 없는 사람들의 재산을 50%로 나눠서 상속하는 경우에는 상속받는 친구가 너무 적은 돈을 받는다는 단점이 있을 듯합니다.

정우: 랜덤 상속은 사람마다 받는 돈의 차이가 있겠지만, 그래도 찬성하겠습니다. 재미있을 것 같아요.

다연: 저는 반대합니다! 0%를 뽑은 사람은 너무 실망감이 클 것 같아요.

소영: 말이 조금 이상할 수도 있는데, 저는 찬성하면서도 반대합니다. 돈이 많은 친구가 0%를 뽑으면 자기 돈을 다 줘야 하고, 또 정작 본인은 상속을 적게 받을 수도 있지 않습니까? 그러면 빈부 격차가 심해질 것입니다. 그런데 또 랜덤 뽑기가 재미있을 것 같기도 해서 찬성하기도 하고 반대하기도 합니다.

지우: 저는 모든 사람이 돈을 공평하게 나눠 가지는 것은 공정하지 않다고 생각해요. 재산이 적었던 친구들은 돈이 많아지고, 재산이 많았던 친구들은 돈이 적어지는 것이니까요.

지원: 저도 지우 의견이랑 비슷해요. 이 활동을 하는 의미가 빈부 격차를 줄이는 데 있는데, 상속 방법을 빈부 격차가 생기는 것으로 정하면 이 활동 자체가 의미 없는 것 같아요.

다연: 저도요. 모두가 가진 돈이 똑같아지면, 지금까지 돈을 모으려고 노력한 일들이 모두 소용없어지니까 좋지 않은 방법 같아요.

다희: 랜덤으로 상속 비율을 정하는 것은 원하지 않는 결과가 나올 수 있잖아요. 그러니까 상속하는 사람과 상속받는 사람이 서로 합의해서 비율을 정하는 게 가장 좋을 것 같아요.

당시 일부 학생은 원격 수업을 하고 있어서 모든 학생이 실시간으로 토론에 참여하기가 쉽지 않았는데요. 우선은 교실에 등교한 학생들 위주로 찬반 토론을 진행하고, 그다음 집에 있는 학생들의 의견을 들어 보았습니다.

찬반 토론을 진행하면서 가장 인상적이었던 점은 돈을 많이 가진 학생들이 훨씬 더 회의에 열심히 참여한다는 점이었습니다. 그래서인지 50%만 상속하는 방법으로 의견이 조금씩 기울어지는 듯 했습니다.

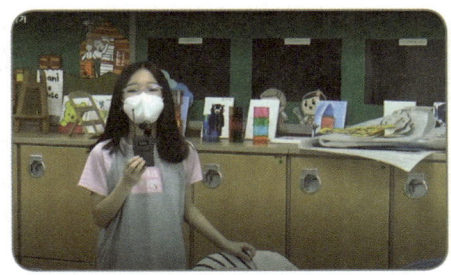 

그런데 집에서 수업을 듣고 있던 학생들이 하나둘씩 의견을 제시하면서 상황이 역전되기 시작했습니다. 제가 예상했던 것과 다르게, 대부분의 학생이 랜덤으로 상속을 하는 아이디어를 가장 선호했습니다.

저도 당황했지만, 교실에 있던 재산이 많은 학생들이 크게 술렁이기 시작했습니다. 스스로에게 상속하는 비율이 0%이고 친구의 재산은 50%만 상속받게 되면, 게다가 그것도 가난한 친구에게 상속을 받는다면 순식간에 자산이 사라지기 때문입니다. 그래서 의견이 오가는 도중 부자 학생이 손을 들고 반대 의견을 강력하게 피력하기도 했습니다. 저도 부자 학생들의 충격이 클 것 같아 지원 사격을 해 주기도 했죠.

활동 6 부자 학생들을 위한 타협안 제시하기 [선택]

점차적으로 학생들의 의견은 랜덤 상속으로 기울었습니다. 위기감을 느낀 부자 학생들은 크게 실망한 모습을 보였습니다. 결국 다수결 투표 결과, 다수(28명 중 16명)의 학생이 자신에게 상속하는 비율을 랜덤으로 정하는 방법을 선택했습니다.

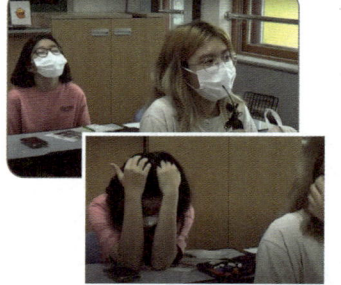

돈이 많은 학생들의 불만이 크고, 너무 실망하는 모습을 보여 제가 중재안을 제시했습니다. 0~50%가 아닌 30, 40, 50%로 랜덤 뽑기를 하는 것으로 말이지요.

그렇지만 부자 학생들의 실망감은 사라지지 않고 꽤 오랫동안 지속되었는데요. 학생들이 잊지 못할 경험을 하고 많은 감정을 느낀 부분은 긍정적이지만, 제가 바랐던 모습과 전혀 다르게 흘러가서 실패한 활동이라는 생각도 들었습니다. 특히 부자 학생들에게 정말 가혹한 활동이었다는 생각이 들어 미안했습니다.

그래서 방학이 끝난 후 상속된 돈이 크게 가치를 발휘하지 못하도록 '하이퍼인플레이션'을 만들었습니다. 학생들의 임금을 2배로 늘리고, 학급 가게의 과자와 혜택권 가격을 1.5배 높였어요. 그만큼 돈의 가치를 떨어뜨린 것입니다. 후일담이지만, 그렇게 한 달이 조금 지나자 기존 부자 학생들이 다시 부자가 되었답니다.

 저학년 수업을 진행하신다면?

저학년 학생들은 고학년에 비해서 감정을 조절하는 능력이 부족하여, 무지의 베일과 같이 급격한 변화가 있는 활동을 하면 지나치게 감정적으로 행동하는 모습을 보이기도 합니다.

대신 저학년 학생들은 상황에 대한 상상력과 감정 이입이 뛰어납니다. 따라서 상속 제도와 관련한 상황별, 입장별 사례를 제시하고 이에 대한 자신의 생각과 느낌을 적어 보는 활동을 해 보면 좋습니다. 가령 자신이 평생 모은 돈을 자식에게 물려줄 때 많은 세금을 내야 하는 상황을 안내하고, 그 입장이 되어 자신의 생각이나 느낌을 적게 하는 것입니다. 다소 예민할 수 있는 주제이므로 다양한 입장을 모두 상상해 볼 수 있도록 해 주세요.

달구쌤 TIP

학생들이 이번 활동을 받아들이기 힘들어하고, 무지의 베일을 제대로 체험할 수 없었던 가장 큰 이유는 학생들의 재산이 순수하게 본인의 노력으로 모은 돈이었기 때문입니다. 누군가에게 많은 돈을 상속받을 수 있는데도, 자신이 1학기 동안 힘들게 모은 돈을 잃을 수 있다는 두려움과 상실감이 더 커서 공정한 판단을 내리기 어려웠던 것이지요.

그래서 다음에는 여름방학을 앞두고 상속 활동을 하는 것이 아니라, 1학기를 시작할 때 활동을 진행해 볼 생각입니다. 모두가 가진 돈이 없는 상태에서, 각자 얼마를 상속받느냐에 따라 학생들이 가진 재산의 출발점이 달라지게 될 텐데요. 그렇게 되면 학생들은 또 다른 아이디어로 상속 방법을 정해 볼 수 있을 것입니다.

이 수업이 더 궁금하시다면?
달구쌤 영상 보러 가기▶

이야기

좋아, 싫어! 상속 활동 에 대한 가지각색 반응들

모든 상속 활동이 끝난 뒤, 학생들의 후기를 받아보았는데요.
참 반응이 가지각색으로 다양했습니다. 다음과 같이 기쁘고 긍정적인 후기를 보낸 친구들도 있었고요.

> 대망의 상속 날!
> 월드컵 축구 결승전에서 마지막 골을 넣는 것처럼 기대되고 그만큼 떨렸던 날!
> 나는 긍정적으로 생각해서 그런지 재산을 그리 많이 잃진 않았다. 역시 기대를 안 하니까 좋은 결과가 나온 것 같다! 나 완전 행운의 여신인가?
> 우리 반의 희비 교차가 선명했던 이번 활동! 다음에는 또 하지 않으면 좋겠는데, 왠지 모르게 재밌어서 또 하고 싶기도 하다.
> 이번 활동으로 얻은 교훈이 있다. 바로 기대를 하지 않으면 좋은 결과가 온다는 것과 사람의 욕심은 끝이 없다는 것이다. 나도 어쩔 수 없는 사람이어서 그런지, 더 많은 이득을 얻고 싶은 마음이 계속 생겼다.

돈을 많이 받았지만, 노력하지도 않은 돈을 얻은 것에 대해 불편하다고 느끼는 학생도 있었습니다.

> 상속 날, 나는 운 좋게도 내 재산의 50%를 가져갈 수 있었고, 다희의 돈을 상속받게 되었다. 나는 약 3,000캔을 가지게 되었다. 원래 재산이 2,400캔 정도였는데, 갑자기 늘어난 돈을 보니까 느낌이 조금 이상했다. 나는 600캔이 늘었는데 다른 몇몇 친구들은 돈을 거의 잃어서 조금 안타까웠다.
> 나는 이 활동을 다시 하고 싶지 않다. 돈을 얻긴 했지만 갑자기 돈이 대가 없이 늘어나니 이상하다. 평소에 돈을 많이 벌고 싶었는데도 갑자기 돈이 늘어나는 일은 조금 불편했다.
> 이 활동을 하고 나니 내가 가진 것에 만족해야 하고, 그 이상을 원하면 오히려 손해를 입을 수 있다는 것을 알았다. 늘어난 600캔을 뜻깊은 곳에 사용하고 싶다.

이번 활동을 마치 도인처럼 자기 성찰의 기회로 여기는 학생도 있었습니다.

> 　평화롭던 어느 날, 선생님께서는 우리들을 불러 놓고 무지의 베일 활동을 할 것이라고 말씀하셨다. 우리가 힘들게 모은 재산이 갑자기 상속된다니?
> 　나는 돈을 한 푼도 안 쓴 상태였다. 다른 친구들도 억울한 건 마찬가지였다. 어떤 친구는 무려 돈이 4,000캔이나 있었다. 그 친구도 돈을 한 푼도 안 쓰고 모았던 것이다.
> 　하지만 나는 생각해 보니 억울할 게 없었다. 내가 원하는 물건이 학급 가게에 없었기 때문이다. 원하는 물건이 없으면 돈도 의미가 없다. 하지만 나도 처음엔 다른 친구들처럼 매우 억울해했다. 왜 그랬을까?
> 　나는 단지 돈을 뺏긴다는 이유만으로 정말 억울해했다. 매우 신기하지 않은가? 마치 돈이 있으면 돈을 써야 할 것 같은 느낌이 들고, 돈을 뺏기면 어차피 쓰지도 않았을 거면서 화가 난다. 인간의 심리란 정말 신기한 것 같다.

역시 제일 마음이 쓰였던, 우리 반 최고 부자 학생의 후기가 가장 안타까웠습니다.

> 　오늘은 랜덤 상속을 했다. 나는 이 상속 활동에 불만이 정말 많았지만, 어쩔 수 없이 이렇게 된 이상 제발 내가 상속하는 비율이 50%가 나오거나 나에게 상속하는 사람이 나였으면 했다. 그러나 하늘도 무심하시지, 내 운은 참 따라 주지도 않는다. 하필 30%라니…….
> 　나에게 재산을 상속할 친구는 하필이면 내 앞자리에 앉은 홍정우였다. 홍정우가 나를 보면서 놀리는데 정말 너무 얄미웠다.(부들부들)
> 　학교에서 선생님을 정말 심하게 많이 원망했지만, 집에 와서 생각을 해 보았다. 어차피 일어난 일, 아무리 원망해 봤자 의미 없는 일이니 긍정적으로 생각하자고.
> 　'어차피 일어난 일, 다시 시작하는 거야!' 마음속으로 이렇게 다짐하니 그나마 위로가 되었다. 그리고 선생님 말씀이 문득 떠올랐다.
> 　"재산이 적은 친구가 많은 돈을 상속받는다고 해도, 나중엔 돈이 다시 적어질 거야."
> 　생각해 보니 그 말씀도 맞는 것 같다. 선생님이 이 활동을 하신 이유가 아주 조금은 이해가 되는 것 같다.
> 　(그렇다고 이 활동을 다시 하고 싶은 생각은 1도 없다!!!!!)

PART 3

 사업

① 오늘부턴 나도 사장님!
② 저요, 저요! 일자리 구해요
③ 여러분, 우리 사업에 투자하세요!
④ 도전! 동학년 창업 박람회 프로젝트
⑤ 금융으로 교실을 잇다!

 부동산
 기부
 돈
 금융 제도

① 오늘부턴 나도 **사장님**!

활동1 시장 조사하기 [선택]

활동2 사업 계획서 쓰기

활동3 사업 시작하기

＊**이야기** 보험업! 큰 이윤을 남기다

 자본주의의 꽃은 '주식회사'라는 말을 들어 보셨나요?

 기업 주주들은 자본 시장을 통해 자본을 모으고, 그 자본으로 창의적인 제품과 서비스를 생산하여 시장에 판매하면서 더 큰 자본을 모읍니다. 경제·금융교실의 꽃 역시 '사업' 단계라고 말씀드릴 수 있습니다. 학생들이 자신만의 아이디어로 직접 창업을 하고, 친구들에게 자신이 만든 재화나 서비스를 팔아 돈을 벌 기회를 얻습니다.

 지금까지 경제·금융교실이 정부 주도로 이루어진 계획 경제였다면, 이제부터는 시장 중심의 자유 경제가 본격적으로 실시됩니다. 그 첫 단추인 '창업 활동'부터 한번 시작해 볼까요?

활동 1 **시장 조사하기** 〔선택〕

　지금까지는 학급 정부를 중심으로 학생들에게 재화와 서비스가 제공되고 교실에 필요한 직업이 만들어졌습니다. 이제부터는 우리 반에 필요한 것이 무엇인지 학생들이 직접 알아보고, 본인 의지에 따라 자유롭게 교실에 재화와 서비스를 제공할 수 있습니다. 물론 그 대가로 재화와 서비스를 이용하는 친구 또는 학급 정부에게서 돈도 받을 수 있고요.

　우리 반 친구들이 자신들에게 필요한 것이 무엇인지 알아보는 일을 '시장 조사'라고 합니다. 우리 학생들은 아직 시장 조사를 해 본 경험도 없고, 개념도 명확하게 이해하지 못했기 때문에 처음부터 학생들에게 자유롭게 시장 조사를 맡기기는 어렵습니다. 따라서 선생님의 안내에 따라 시장 조사를 진행합니다.

달구쌤: 여러분, 다음 주부터는 사업 단계가 시작됩니다. 사업 단계에서는 여러분이 원하는 직업을 만들 수도 있고, 회사를 만들어서 친구들에게 재화나 서비스를 팔아 돈을 벌 수도 있습니다.

학생: 뭐든 다 팔 수 있나요?

달구쌤: 우리 학교 규칙과 학급 규칙을 어기지 않고 친구들에게 피해를 주지 않는다면 무엇이든 가능합니다. 하지만 사업에서는 재화와 서비스를 만드는 사람도 중요하지만, 그것을 사는 사람도 중요해요. 그래서 오늘은 친구들이 무엇을 원하는지 이야기해 볼 거예요.

학생: 그러면 꼭 친구들이 이야기한 것으로만 사업을 해야 하나요?

달구쌤: 그렇지는 않아요. 그래도 친구들이 필요한 것이 무엇인지 알면 사업을 시작하는 데 많은 도움이 될 거예요. 실제로 기업들이 사업을 하기 전에 꼭 조사를 하는데, 이것을 '시장 조사'라고 한답니다.

　시장 조사를 할 때는 먼저 학생들이 필요한 것, 있었으면 하는 것을 자유롭게 발표하게 합니다.

앞의 대화에도 나왔던 것처럼, 모든 아이디어를 허용할 수는 없습니다. 어떤 사업은 전혀 사업성이 없을 수도 있고, 어떤 사업은 오히려 우리 학급에 해를 끼치기도 합니다. 이런 판단 기준을 바탕으로 학생들의 의견을 하나씩 살펴보면 됩니다.

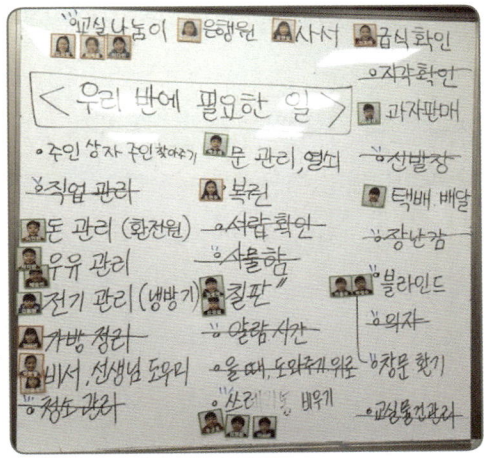

예를 들어 왼쪽 사진을 보면 가방 정리, 사물함 정리 등은 학생들이 스스로 해야 하는 생활 습관이라는 교사 철학에 따라 사업으로 만들 수 없는 것으로 정했습니다.

또한 '복권은 도박일까'란 토론 끝에 돈을 많이 쓰지 않고, 수익금으로 좋은 활동을 할 수 있다면 학급에 유익하다고 판단하여 복권 사업을 허용하기로 했습니다.

이런 시장 조사 과정을 통해 창업을 원하는 학생들은 친구들이 무엇을 원하는지 힌트를 얻게 되고, 무엇을 사업으로 만들 수 있고 없는지 판단의 기준도 명확해집니다.

> **달구쌤 Tip**
>
> 시장 조사 활동에서 기발한 아이디어가 많이 나오지만, 그렇지 않을 때도 있습니다. 그럴 때는 선생님이 먼저 아이디어를 몇 가지 제시해 주면 학생들의 창의적인 아이디어를 이끌어 낼 수 있습니다. 저는 닌텐도나 만화책 대여 사업, 인생 숏 촬영 사업, VR 체험 사업 등 교실의 틀을 조금이나마 벗어날 수 있는 아이디어를 제시하면서 학생들의 생각을 확장해 주려고 노력했습니다.

활동2 사업 계획서 쓰기

　시장 조사를 한 뒤에는 학생들에게 사업 계획서 양식을 나눠 주고 직접 써 보게 합니다. 사업 계획서를 쓴다고 해서 모든 학생이 사업을 할 수 있는 것은 아니지만, 사업 계획서를 써 보는 것 자체가 좋은 경험이라고 판단하여 일단 모두가 쓰도록 하였습니다.

　보통은 요식업(음식 만들어 팔기)과 종합 서비스 대행업(심부름)이 가장 많이 나오지만, 가끔은 생각지도 못한 기발한 아이디어가 나오곤 합니다.

　아래 사업 계획서를 보면 '동물 청소 대신하기, 먹이 주기'가 있습니다. 이 아이디어는 실과 시간에 동물을 기르는 일에 어려움을 호소하는 학생들이 많아 사업을 계획하게 된 것입니다.

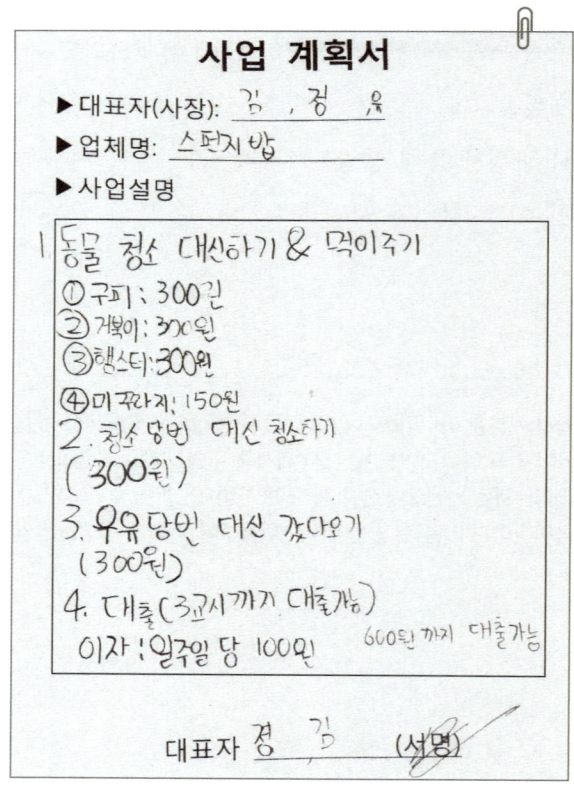

그리고 실제로 시행하진 못했지만, 아래 사진처럼 '변호 사업'도 있었습니다. 학급 규칙을 위반했을 때 이의를 제기할 수 있는데도 사정을 제대로 얘기하지 못해 벌칙이나 벌금을 받는 학생들을 돕기 위해 사업 아이디어를 낸 사례입니다.

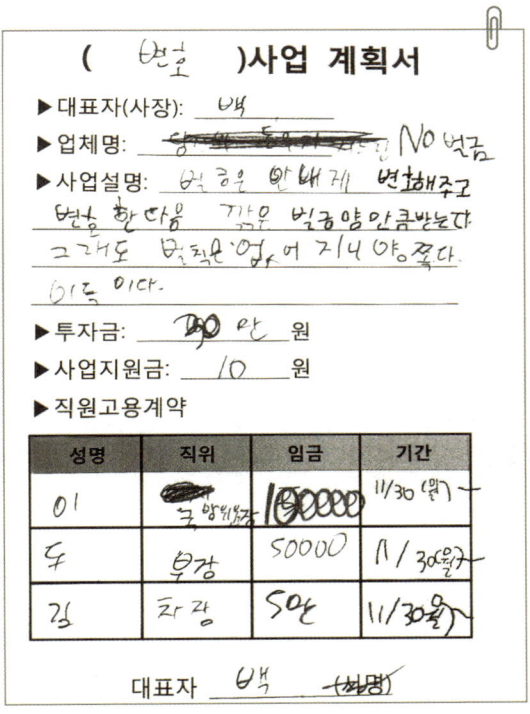

달구쌤 Tip

학생들 사이에서 매년 꼭 등장하는 사업 아이디어 중 하나가 바로 도박 사업입니다. '도박', '돈 따먹기', '딱지 따먹기', '야바위' 등 다양한 이름으로 사업을 계획하지만, 본질은 같습니다. 사실 교사로서 도박 사업을 허가하기 싫은 것이 당연합니다. 하지만 무조건 도박 사업을 금지하면 학생들의 창업 욕구를 꺾을 수도 있습니다. 저는 도박이 학급에 유익한지 여부를 적절한 근거를 들어 가며 학생들과 함께 이야기해 보는 방법으로 문제를 해결하였습니다. 그러다 보면 어떤 반은 도박 사업을 허가하지만, 어떤 반은 허가하지 않기도 합니다. 사업이 허가되느냐 마느냐도 중요하지만, 이렇게 토의·토론을 하면서 가치와 기준을 판단해 보는 것만으로도 좋은 교육 경험이 됩니다.

활동 3 사업 시작하기

이제 본격적으로 자신의 사업 능력과 창의력을 최대한 발휘해 사업을 합니다.

나만의 사업을 시작하여 직접 돈을 벌어 보면서 학생들은 기업가 정신을 갖게 되고, 돈을 벌기 위해서 어떻게 사업을 해야 하는지 등을 깨닫는 소중한 경험을 하게 됩니다. 이런 경험은 성인이 되어서도 창업을 하는 데 큰 동기 부여가 되리라 기대합니다.

 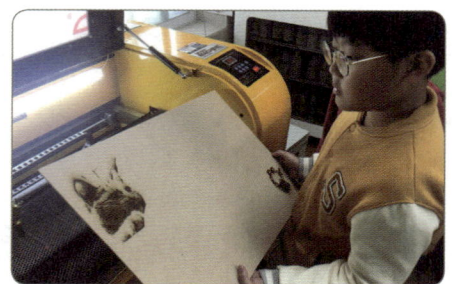

 저학년 수업을 진행하신다면?

저학년들은 사업을 계획적으로 시작하기보다 즉흥적으로 시작하는 경우가 많고, 자기중심적인 경향이 있어 지극히 개인적인 경험에서 사업 아이디어를 얻곤 합니다. 예를 들어 자기가 좋아하는 공주 그림을 그려서 팔거나 그림 그리는 방법을 알려 주는 서비스를 팔기도 하고, 부모님께 칭찬받았던 안마를 이용해서 사업을 하기도 하지요. 그렇다고 이것을 사는 친구들이 없지는 않습니다. 저학년들은 사업 활동을 일종의 놀이로 여기기 때문에 가성비를 따지기보다 재미있어 보이는 것에 돈을 쉽게 씁니다. 그래서 생각보다 거래가 잘 일어납니다.

하지만 금세 흥미를 잃어버려 사업의 지속성이 낮고, 사업이 체계적이지 않아서 시간이 지날수록 사업 활동이 흐지부지되곤 합니다. 따라서 저학년 학생들과 사업 활동을 할 때는 준비 기간을 포함하여 2~3주 정도로 짧게 진행하는 것이 좋고, 체계적인 사업 활동(사업 계획서 쓰기 등)보다는 재화와 서비스를 직접 생산하고 판매하는 것 자체에 초점을 맞춰서 진행하면 좋습니다. 조금 욕심을 낸다면, 똘똘한 학생들은 장부에 판매량과 수익을 기록하는 활동까지 해 볼 수 있을 것입니다.

이 수업이 더 궁금하시다면?
달구쌤 영상 보러 가기 ▶

보험업! 큰 이윤을 남기다

우리 반 친구들이 낸 사업 아이디어 중 유독 눈길을 끄는 사업이 하나 있었는데, 바로 보험업입니다.

 정헌아, 보험 사업을 한다고 들었는데 사실이니?

 네, 친구들이랑 주말 동안 작전을 짜 봤는데, 보험업을 하기로 결정했어요!

 선생님이 너무 궁금한데, 보험업은 어떻게 하는 거야?

 우리 반에 벌금 제도가 있잖아요? 그런데 저희 보험에 가입하면 저희가 벌금을 대신 내 주는 거예요.

 아, 이해된다. 그런데 사업을 하면 돈을 벌어야 하는데, 보험 사업은 손해를 보지 않을까? 친구들이 보험료보다 벌금을 더 많이 내면 어떻게 해?

 벌금을 많이 내는 친구들은 우리 보험에 가입하지 못하게 하고, 평소에 착하게 규칙을 잘 지키는 애들만 보험에 가입할 수 있도록 하면 돼요.

 그 친구들은 보험을 가입할 필요가 없지 않을까?

 미리 몇 명한테 물어봤는데, 그 친구들은 가입하고 싶다고 했어요.

경제는 심리라는 말이 있습니다. 사업도 결국 사람들의 심리를 잘 읽을 줄 알아야 성공할 수 있는데요. 보험업을 한 정헌이도 친구들의 심리를 잘 읽어 사업 활동에서 크게 성공을 했습니다. 평소 규칙을 잘 지키던 학생들은 벌금을 내는 상황을 두려워했고, 그런 학생들이 보험 가입을 희망했습니다. 제 예상보다 보험 가입을 원하는 학생들이 많아, 보험 사업이 크게 이윤을 남긴 것이지요.

❷ 저요, 저요!
일자리 구해요

활동 1 일자리 안내하기 [선택]

활동 2 이력서 쓰기

활동 3 면접과 선발하기 [선택]

활동 4 근로 계약서 작성하기

*이야기 사장님은 어려워!

　세상 모든 사람이 기업가 정신을 가지고 사장이 되는 것이 아니듯이, 학생들이 모두 창업 활동에 참여하는 것은 아닙니다.

　현실에서 본인의 사업체를 만들지 않은 사람들은 직장을 구하고 취업을 하는데요. 창업 활동에 참여하지 않은 우리 학생들은 무엇을 하면 될까요?

　경제·금융교실에서도 창업을 하지 않은 학생들은 일자리를 구해 돈을 벌 수 있습니다. 우선 선생님이 만든 공공 일자리로 돈을 벌 수 있고, 사업체를 만든 학생들이 자신의 필요에 따라 직원을 고용하기도 합니다. 특히 일손이 부족한 사업체의 경우 직원을 많이 고용하여 더 많은 재화와 서비스를 생산 및 판매하고자 합니다. 학생들 사이에서 '구인 구직 활동'이 일어나는 것이죠!

활동1 일자리 안내하기 〔선택〕

취업 활동에서 제일 먼저 해야 하는 것은 일자리를 안내하는 것입니다. 아래 표는 학생들에게 공공 일자리를 안내하기 위해서 만든 것입니다. 직업 임금과 각 직업이 하는 일을 설명해 주시면 됩니다.

공공 일자리의 종류와 직업 임금, 각 직업이 하는 일

종류	직업 임금	하는 일
9급 공무원	100캔	모둠원에게 임금, 수당 주기 / 생활비 걷기
국세청장	100캔	학급 돈 관리, 세금 관리
은행원	100캔	저금 받고 이자 주기 / 은행 돈 관리하기
환전원	100캔	돈 만들기 / 돈 바꿔 주기
우유 관리원	100캔	우유 배달하기 / 우유 수당 주기
급식 관리원	100캔	급식 다 먹었는지 확인하고 급식 수당 주기
환경 관리원	100캔	아침, 중간 시간에 창문 열어 환기하기 / 블라인드 올리기
놀이 관리원	100캔	놀이 도구, 보드게임 빌려주기 / 관리하기
택배원	50캔	다른 교실, 교무실로 배달 가기
사서	50캔	학급 문고(책꽂이) 정리하기 / 보물 책 관리하기

우리는 창업 활동을 할 때 시장 조사를 통해 학급 친구들이 원하는 재화와 서비스를 알아보고, 이를 바탕으로 창업을 했습니다. 하지만 몇몇 재화와 서비스는 창업으로 이어지지 않았는데요. 이런 것들을 공공 일자리로 만들어 구직을 할 수 있습니다.

학생들이 만든 사업체에서 필요한 일손을 구할 때는 게시판을 활용합니다.
　일손을 찾는 학생들은 사업체 이름, 하는 일, 임금 등을 간략하게 적어서 게시판에 구인 공고를 냅니다. 단기 아르바이트는 물론, 장기간 일자리까지 다양한 조건으로 공고를 내면, 일자리를 찾는 친구들이 공고를 보고 일자리를 구합니다.

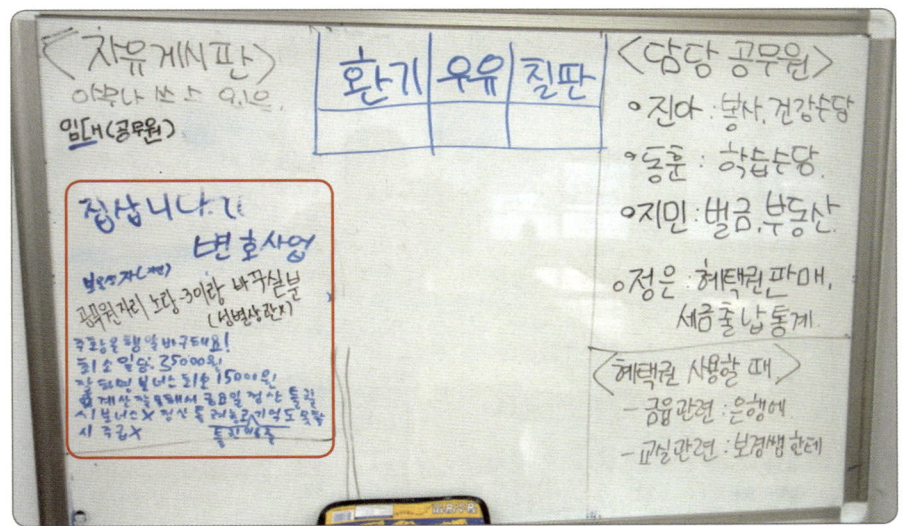

> **달구쌤 Tip**
> 개인 사업체에서 구인 활동을 할 때 종종 공정성이 문제가 되곤 합니다. 개인 사업체라고 해서 사장 마음대로 직원을 고용하면 직원이 되지 못한 학생은 감정이 상할 수가 있습니다. 따라서 학생들이 납득할 수 있도록 이력서 혹은 면접을 보는 과정을 시행하고, 사업체의 사장은 직원을 고용한 후 그 친구를 선발한 이유를 설명하도록 하는 것이 좋습니다.

활동 2 이력서 쓰기

아래 사진과 같이 이력서에는 본인의 이름, 지원하는 일자리 혹은 분야, 지원 동기 및 각오, 경력 등을 적습니다. 이 활동은 학생들이 미래의 구직 활동을 미리 경험해 보는 데 의의가 있습니다.

이력서를 보는 사람 입장에서 어떤 내용에 더 관심이 가고 어떤 사람을 뽑고 싶을지 함께 이야기해 보며 이력서를 쓰게 하면 학생들이 조금 더 심혈을 기울입니다.

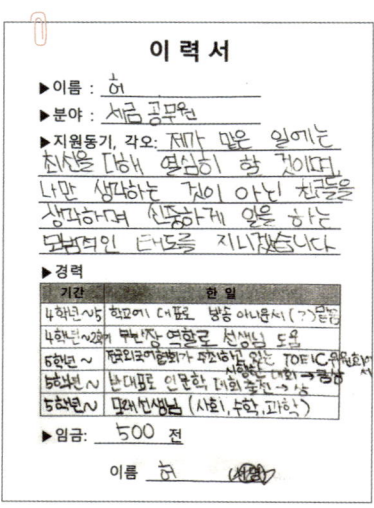 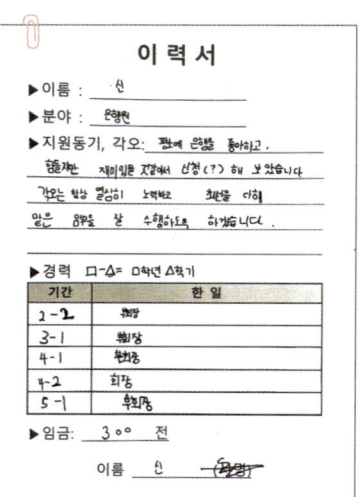

달구쌤 TIP

저희 반은 1인 1역할을 선발할 때 이력서를 활용합니다. 보통 인기가 많은 역할에 학생이 몰리는데, 왜 그 학생을 선발하였는지, 이력서에서 어떤 점이 좋았고 부족하였는지 간단하게 설명해 주면 학생들이 이력서를 쓸 때 어떤 부분에 초점을 둬야 할지 깨달을 수 있습니다.

"우유 배달원에 ○○를 뽑은 이유는 ○○가 쓴 이력서를 보면 경력란에 자신이 지금까지 우유 배달원 일을 했던 것을 빠짐없이 잘 적었기 때문입니다."

"△△를 심부름 직원으로 뽑은 이유는 지원 동기와 각오에 왜 자신을 뽑아야 하는지, 그리고 뽑히면 어떻게 할지를 구체적으로 잘 적어서, 하고 싶은 마음이 잘 느껴졌기 때문입니다."

활동 3 면접과 선발하기 [선택]

이력서만 보고 학생을 선발할 수도 있지만, 조금 더 다양한 경험을 하게 하기 위해 경쟁이 있는 일자리는 공개 면접을 진행합니다. 특히 공공 일자리는 학급 구성원 모두가 영향을 받기 때문에 학생 모두가 면접관이 되어 질의응답을 하고, 최종 선발은 투표로 결정하는 것이 좋습니다.

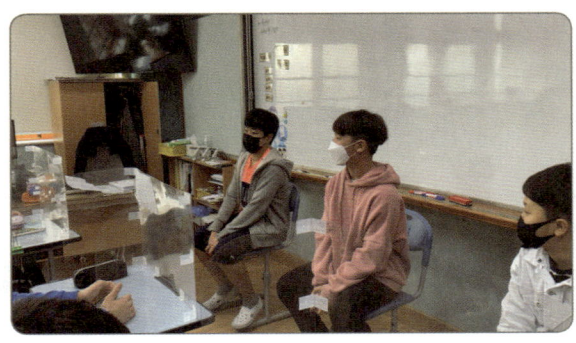

면접은 이력서가 통과된 2~3명의 학생을 대상으로 진행합니다. 지원자들은 교실 앞으로 나와 의자에 앉고, 선생님과 학생들은 면접관이 되어 지원자에게 다양한 질문을 합니다.

면접을 처음 경험한 지원자 학생들은 많이 수줍어하였지만, 점차 흥미로워하고 재미있어했습니다.

달구쌤 Tip

공개 면접의 경우 자칫 인기투표로 흐를 수 있는 위험성이 있습니다. 따라서 면접을 시작하기 전에 어떤 질문을 하면 좋을지 함께 생각해 보고, 면접 후 최종 선발을 위한 투표를 할 때도 어떤 친구를 뽑으면 좋을지 그 일자리와 연관하여 생각해 볼 것을 강조합니다.

- **달구쌤** 혜택권 판매원을 뽑는 면접을 할 때 어떤 질문을 할 수 있을까요?
- **학생** 쉬는 시간에 친구들이 한꺼번에 가게에 몰려왔을 때 어떻게 할 것인지, 혜택권이 다 떨어지면 어떻게 할 것인지 물을 수 있어요.
- **달구쌤** 면접을 진행한 후 혜택권 판매원을 투표로 정할 건데, 자신과 친하다거나 인기가 많다는 이유로 표를 주어서는 안 됩니다. 어떤 친구가 혜택권 판매원으로서 책임감을 갖고 우리를 위해서 봉사를 잘할지 생각하고 결정해야 해요.

활동 4 근로 계약서 작성하기

　최종 선발 후에는 근로 계약서를 작성하고 고용주와 고용인이 서로 1장씩 나눠 갖습니다.

　계약서에 서로의 이름과 일자리 이름, 임금, 계약 기간 등을 작성하도록 합니다.

　근로 계약서가 없으면 고용주가 제대로 임금을 주지 않거나 고용인을 마음대로 해고하기도 하고, 고용인이 갑자기 일을 그만두는 문제가 발생할 수 있습니다. 이런 분쟁을 줄이고 고용주와 고용인이 권리와 의무를 다하기 위해 근로 계약서를 작성합니다.

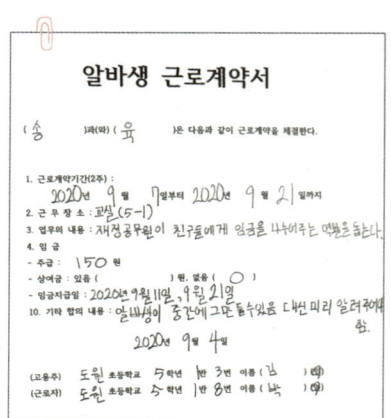

 저학년 수업을 진행하신다면?

　저학년 학생들도 취업 활동을 할 수 있습니다.

　1인 1역할을 활용하여 약간의 보상이 있는 일자리를 제공할 수 있는데요. 저학년은 이력서를 쓰거나 면접을 보는 것, 근로 계약서를 쓰는 것이 익숙하지 않을 수 있지만 아주 간단한 이력서 정도는 적을 수 있습니다. 메모지 혹은 포스트잇에 자기의 이름, 자기가 그 직업에 알맞은 이유, 각오 정도를 적어서 제출하게 합니다. 근로 계약서는 '비바샘'에서 제공해 드리는 양식에 맞춰 작성해 보는 것을 추천합니다.

이 수업이 더 궁금하시다면?
달구쌤 영상 보러 가기▶

* 이야기

사장님은 어려워!

고용자와 근로자의 관계가 되면 학생들 사이에서도 미묘한 변화가 일어납니다. 고용자와 근로자 간의 갈등이 일어나기도 하죠.

선생님, 저 사업 못하겠어요……. 더 이상 사장님 안 할래요.

 왜? 준성아, 무슨 일 있었어?

제가 고용한 애들이 사업 잘 돼서 일을 더 많이 하게 됐다고, 자꾸 임금을 더 올려 달라고 해요.

 실제로 사업이 좀 잘 됐어?

네. 친구들이 그립톡을 좋아해서 많이 주문하긴 했어요.

 그러면 친구들 임금을 좀 올려 줘도 되지 않을까?

그래서 제가 50캔씩 올려 준다고 했는데, 200캔으로 올려 달래요. 장사가 잘 되니까 번 돈을 똑같이 나눠야 한다고, 안 그러면 파업하겠대요. 계약서에 쓴 돈보다도 더 올려 준다고 했는데! 200캔이나 올려 주면 저랑 버는 돈이 거의 똑같은데, 사장이랑 직원이랑 똑같이 돈을 벌면 사장 할 필요가 없는 거잖아요!

 음…… 그러면 선생님이 한번 다같이 얘기할 수 있는 자리를 마련해 볼게.

눈물까지 글썽이는 준성이를 위해, 노사정 협의회를 열었습니다. 그 결과, 사장인 준성이가 임금을 80캔까지 올려 주기로 했습니다. 대부분의 친구들은 파업을 풀고 일을 시작했지만, 본인이 하는 일에 비해 돈이 적다고 느낀 친구 한 명은 일을 그만하기로 했습니다. 모두가 만족하는 방법을 찾지는 못했지만, 그래도 사장과 근로자의 갈등을 경험하고 해결해 보는 좋은 기회였습니다.

3 여러분, 우리 사업에 **투자**하세요!

활동 1 투자 설명회 안내하기

활동 2 투자 설명회 준비하기

활동 3 투자 설명회 개최하고 투자하기

활동 4 정리하기 [선택]

*이야기 다이엇, 먹튀 논란에 휩싸이다!

사람들이 주식 투자를 하는 이유는 크게 두 가지입니다.

주식은 기업의 주인임을 증명해 주는 증서입니다. 주식을 가지고 있으면 그 기업의 주인으로서 의결권을 가지고, 기업 이익을 지분만큼 배당받을 수 있습니다. 이 배당금이 주식 투자를 하는 첫 번째 이유입니다.

또 주식은 주식 시장에서 거래되고, 기업 실적에 따라 매일매일 가치가 변동합니다. 훌륭한 기업은 주식의 가치가 계속해서 높아질 것입니다. 이렇게 배당뿐만 아니라 주식 자체의 가치가 올라가는 것을 통해 돈을 버는 것, 이것이 주식 투자를 하는 두 번째 이유입니다.

이번 시간에 소개할 '투자 활동'은 위의 두 가지 이유 중 기업 이익을 배당받는 것과 관련한 단계입니다.

활동 1 투자 설명회 안내하기

학생들에게 투자라는 개념은 생소하기 때문에, 선생님이 너무 간략하게 설명하면 단순히 기업 인기투표라고 생각할 수 있습니다. '좋은 기업에 투자해 보세요.'라고 설명하는 것과 '좋은 기업에 투자하면 나중에 기업이 번 돈을 나눠 받을 수 있어요.'라고 설명하는 것은 차이가 있기 때문이죠. 학생들에게 투자의 개념과 투자 설명회를 자세히 안내해 줍니다.

달구쌤: 3주 후에 창업 박람회가 열립니다. 창업 박람회를 위해서 다음 주에는 투자 설명회를 할 예정입니다.

학생: 투자 설명회가 뭐예요?

달구쌤: 투자 설명회는 여러분이 할 사업을 친구들에게 설명하고 친구들에게서 투자를 받는 활동입니다. 투자 설명회 때 설명을 잘해서 투자를 많이 받은 친구들은 사업에 필요한 물건을 살 때 더 많은 지원을 받을 수 있어요.

학생: 그러면 투자한 사람들은 주식처럼 돈을 벌 수도 있나요?

달구쌤: 네, 맞아요. 주식 투자처럼 투자한 사람들은 증서를 받을 거예요. 그리고 나중에 자기가 투자한 기업이 돈을 많이 벌면 그 돈을 나눠 받을 수 있습니다.

달구쌤 Tip

자신의 사업을 설명해야 한다는 것, 투자를 받고 나면 재료비 등의 지원을 더 많이 받을 수 있다는 것까지는 학생들이 어렵지 않게 이해합니다. 하지만 투자를 한 사람이 투자 증서를 받고 그 투자 증서의 양만큼 기업의 이익을 나눠 받을 수 있다는 내용은 어려워할 수도 있습니다. 그럴 때는 투자 증서가 기업의 주인임을 나타내는 증서이기 때문에 기업이 버는 돈을 받을 수 있다고 설명해 줍니다. 또 증서의 수가 많을수록 더 큰 주인이기 때문에 더 많은 돈을 받을 수 있다고 이야기해 줍니다.

활동 2 | 투자 설명회 준비하기

투자 설명회를 위해서는 프레젠테이션을 준비해야 합니다. 큰 도화지를 사용하여 직접 발표 자료를 만들 수도 있지만, 구글 프레젠테이션을 이용할 수도 있습니다.

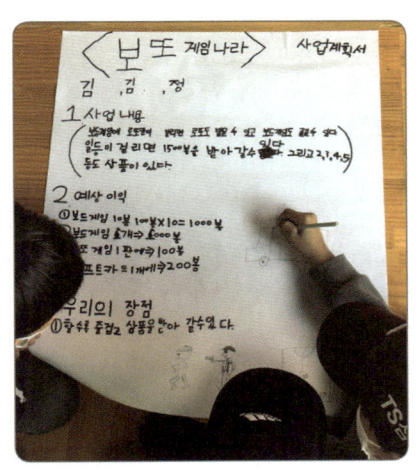
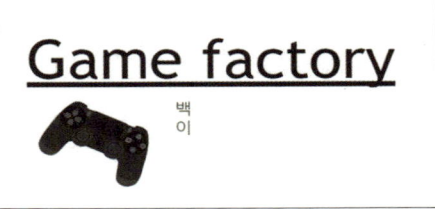

구글 프레젠테이션의 공유 기능을 사용하여 학생들에게 편집 가능 링크를 공유하고, 학생들은 각자 다른 프레젠테이션 링크에 접속하여 프레젠테이션을 제작합니다.

구글 프레젠테이션은 공유 기능으로 동시 접속이 가능하기 때문에 학생들이 서로 떨어져 있어도 공동 작업이 가능합니다. 또 교사가 모든 프레젠테이션을 가지고 있기 때문에 학생들이 제작하고 있는 상황을 실시간으로 모니터링할 수 있고, 파일 관리도 쉽게 할 수 있습니다.

학생마다 속도 차이가 있을 수 있지만, 저는 투자 설명회를 위한 프레젠테이션 제작에 2시간의 수업 시간을 할애했습니다. 사실 2시간 안에 프레젠테이션을 제작하기란 빠듯합니다. 투자 설명회에 대한 학생들의 의지가 강하기 때문에 미흡한 부분은 숙제로 마무리 짓도록 해도 괜찮습니다.

활동 3 투자 설명회 개최하고 투자하기

친구들이 프레젠테이션을 발표할 때 다른 학생들은 투자하고 싶은 기업을 찾아야 합니다. 단순히 감정에 이끌려 투자하고 싶은 기업을 고르기보다는, 객관적인 기준에 따라 판단해야 합니다. 투자를 하는 이유는 그 기업의 과실을 함께 향유하기 위한 것이기 때문입니다.

그래서 선택 기준이 꼭 필요한데요. 저는 학생들에게 다음과 같은 선택 기준을 제시하였습니다.

> **선택 기준**
>
> 아이디어가 좋은 기업, 이윤을 많이 남길 것 같은 기업, 준비 상태가 좋은 기업, 위험 상황에 잘 대처할 것 같은 기업, 홍보를 잘할 것 같은 기업, 정직할 것 같은 기업

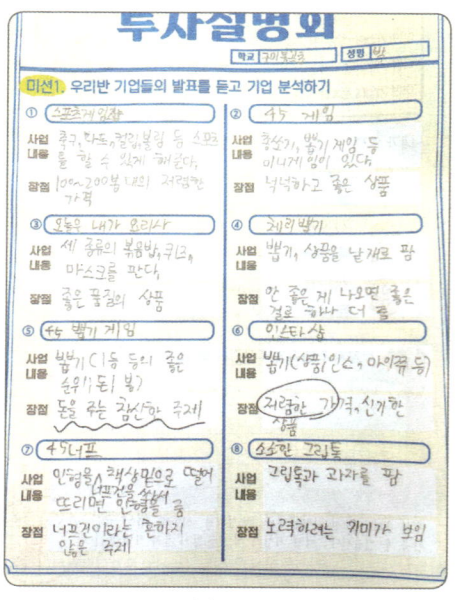

▲ 기업 분석하기

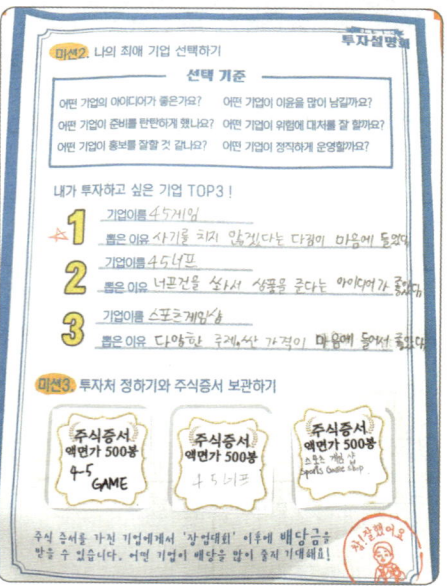

▲ 투자처 정하기

이런 기준에 따라 기업을 선정하려고 노력하다 보면 그 기업을 이용하는 여러 친구들과, 기업을 운영하는 친구에 대해서도 생각해 보게 됩니다. 이런 과정을 통해 학생들은 투자할 기업을 객관적으로 선정하는 능력을 기를 수 있습니다.

투자하고 싶은 기업을 골랐다면, 1인당 3장씩 제공된 '투자합니다' 쪽지에 투자자의 이름, 투자하고 싶은 기업의 이름, 투자하는 이유를 적어서 해당 기업에 제출합니다.

기업은 투자를 한 학생에게 주식 증서를 주고, 해당 학생은 학습지에 주식 증서를 붙여 보관합니다. 그래야 나중에 그 기업이 돈을 벌면 이익을 함께 공유할 수 있습니다.

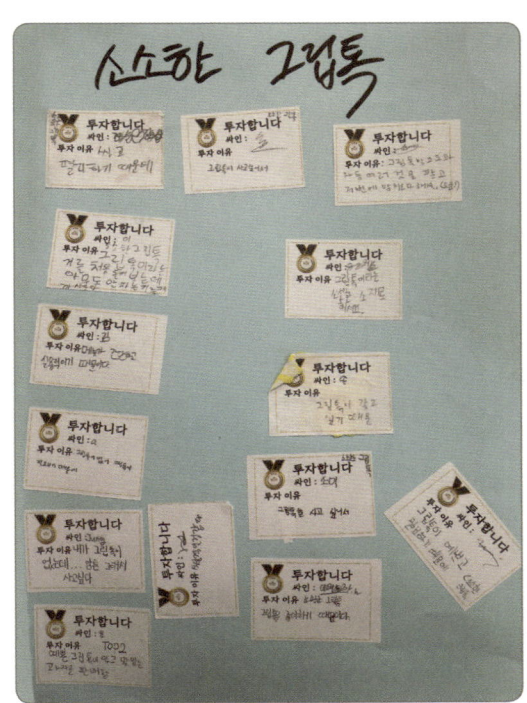

달구쌤 TIP

나중에 기업이 돈을 벌면 그 돈은 기업이 발행한 총 주식 증서 수로 나눈 뒤, 다시 각 투자자가 가지고 있는 주식 증서의 수만큼 나눠 갖습니다. 간혹 한 기업에 3장을 모두 투자하고 싶을 때도 있는데 이때는 이익도 3배를 받을 수 있다는 것을 알려 줍니다.
하지만 투자를 많이 받은 인기 기업의 경우 그만큼 자기에게 돌아오는 돈도 줄어듭니다. 따라서 학생들에게 이런 점도 고려하여 투자해야 한다고 알려 줍니다.

활동 4 정리하기 [선택]

투자 설명회가 모두 끝나면 기업별로 투자를 얼마나 받았는지 확인할 수 있습니다. 투자를 많이 받은 기업을 보면서 다음에 어떻게 발표하는 것이 좋을지 생각해 볼 수 있고, 친구들이 어떤 사업 아이디어를 좋아하는지도 알 수 있습니다.

학생들에게 투자 설명회 활동을 통해 알게 된 점, 느낀 점을 간략히 적게 합니다. 포스트잇에 간략하게 소감을 적고, 하얀색 종이나 보드에 붙여서 서로 공유하도록 합니다.

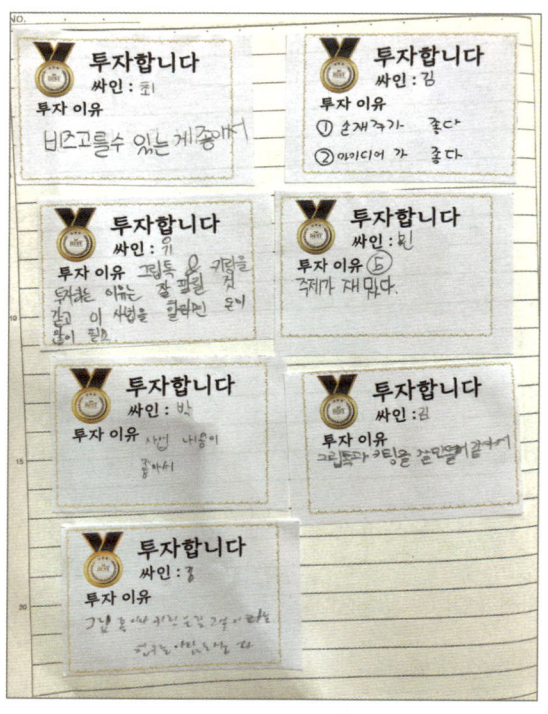
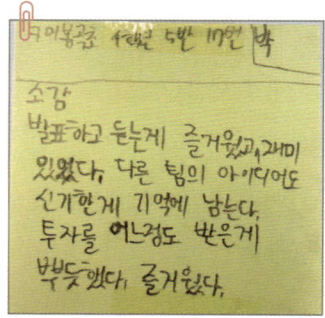
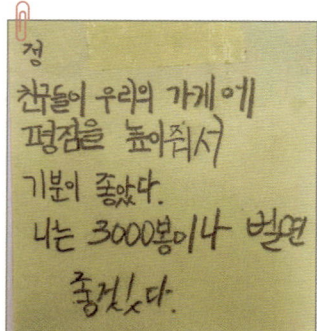

저학년 수업을 진행하신다면?

저학년 학생들에게 투자, 주식 증서, 기업의 이익 등의 개념은 어려울 수 있기 때문에 사업 아이디어(돈을 벌 수 있는 아이디어)를 발표하는 것까지만 진행해도 좋습니다. 자신의 사업 아이디어를 종이에 글과 그림으로 간단하게 표현하고 발표해 보는 것입니다.

발표를 들은 친구들은 자기가 가진 스티커를 사업 아이디어가 좋은 친구 또는 발표를 잘한 친구에게 붙여 주면 됩니다. 인기투표 이상의 의미를 주고 싶다면 투표하기 전에 어떤 친구에게 스티커를 주면 좋을지 선정 기준을 함께 정해 보는 것도 좋습니다.

이 수업이 더 궁금하시다면?
달구쌤 영상 보러 가기▶

이야기

다이엇, 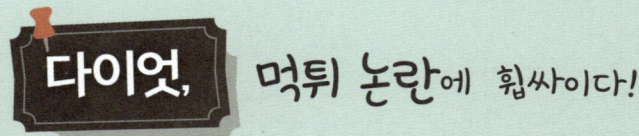 먹튀 논란에 휩싸이다!

우리 반에는 '다이엇'이라는 업체가 있었습니다. 본인들 사업에 투자하면 투자한 돈의 2배를 돌려준다는 광고로 학생들의 눈길을 사로잡았습니다. 심지어 공부를 잘하는 친구도 자신들에게 투자했다는 것을 홍보하며 많은 친구들에게 투자를 받았는데요. 다른 사업이 4,000~5,000캔을 투자받을 때 무려 20,000캔을 투자받았으니, 그 인기가 어마어마했습니다.

 진짜 다이엇에 투자하면 돈 2배로 불려 줘?

 아, 당연하지! 우리 사업 엄청 잘 될 거거든. 무조건 2배로 불려 줄 수 있어.

 어떤 사업을 하는 거야?

 아직 그건 비밀이야. 한 방에 터트려야 사업이 인기가 많아서 돈을 더 많이 벌 수 있거든.

 그래도 투자하려면 무슨 사업인진 알아야 할 것 같은데…….

 영업 비밀이라니까. 못 미더우면 투자 안 해도 괜찮아.

아이들을 지켜보다 다이엇의 사장인 정우를 따로 불러 어떤 사업을 할 생각인지 물어보았습니다. 다이엇이 준비한 여러 게임(배드민턴, 오목, 알 까기, 가위바위보 등)에 돈을 내고 참여하고, 자기 점수에 따라 상품이나 상금을 주는 사업을 할 계획이었습니다.

> 정우야, 자본금이 그렇게 많이 필요한 사업도 아닌데, 투자금을 2배로 돌려주겠다고 광고하면서까지 많은 투자를 받은 이유가 뭐야?

> 다른 친구들보다 훨씬 더 투자를 많이 받으면 자랑하고 싶어서요. 대기업 같은 느낌도 들고요.

　정우와 대화를 나누고 나니, 나중에 다이엇이 투자금을 돌려줄 때가 되면 큰 문제가 생길 수도 있겠다는 생각이 들었습니다. 하지만 그런 경험 또한 학생들에게 좋은 교훈이 될 수 있을 듯하여 일단은 지켜보기로 했죠.

　그런데 제 예상과 달리, 사업이 시작하기도 전에 문제가 발생했습니다. 다이엇 내부 분열로 기업이 공중분해가 된 것입니다. 어쩔 수 없이 투자금을 그대로 돌려주려고 하니, 2배라는 말에 현혹되어 투자했던 학생들이 강력하게 항의를 했습니다. 결국 문제를 해결하기 위해 학급 회의까지 개최되었고요.

　비록 학생들이 꿈꿨던 100% 수익은 맛보지 못했지만, 꼼꼼한 계약서 작성과 과장 광고에 대한 비판적 태도, CEO 자질의 중요성 등을 배우게 된 소중한 경험이었습니다.

4 도전!
동학년 창업 박람회 프로젝트

활동1 창업 박람회 프로젝트 제안하기

활동2 프로젝트 계획 수립하기

활동3 사업 계획 세우기

활동4 공용 화폐 공모 및 선정하기 〔선택〕

활동5 필요한 물품 정리하고 주문하기

활동6 재화와 서비스 생산하기

활동7 홍보물 제작하기 〔선택〕

활동8 창업 박람회 개최하기

*이야기 선생님, 상품 돌려 달래요!

    지금까지 우리 학생들은 자신만의 사업 아이디어로 계획을 세우고, 다른 친구들 앞에서 사업 계획을 발표하며 투자받는 활동을 했습니다.

    이제 우리 학급을 넘어 같은 학년의 학급들과 함께 사업 및 투자 활동을 해 볼까요?

    동학년 협의회 시간, 저는 같은 학년을 맡고 계신 선생님들께 경제·금융교실을 소개하고 그중 사업 활동인 '창업 박람회 프로젝트'를 함께 해 보자고 제안했습니다. 그리하여 올해 1학기, 동학년 창업 박람회 프로젝트가 열렸는데요.

    그 경험을 바탕으로, 지금부터 '동학년 창업 박람회 프로젝트'를 진행하는 방법과 그 생생한 현장을 보여 드릴게요.

활동1 창업 박람회 프로젝트 제안하기

우리 학교의 6학년은 모두 네 개의 학급으로 이루어져 있습니다. 경북 지역의 교육청은 모든 학급이 한 학기에 한 번 이상 프로젝트를 진행할 수 있도록 지원하고 있습니다. 따라서 매 학기 '1-1-1 프로젝트'라는 이름으로 지원받는, 학급당 10만 원의 지원금을 동학년 창업 박람회 프로젝트에 활용해 보기로 했습니다.

사실 '창업 박람회 프로젝트'를 운영하는 일이 교사 입장에서는 쉽지 않습니다. 학생들의 활동을 적극적으로 지원해 주어야 하기 때문에 같은 학년을 맡은 선생님들께 창업 박람회 프로젝트를 선뜻 제안하기가 어려웠습니다. 하지만 저희 반 학생들이 활동하는 모습을 지켜본 선생님들께서 창업 박람회 프로젝트를 긍정적으로 생각해 주셔서, 다행히 함께 프로젝트를 진행할 수 있었습니다.

동학년 협의회 때 제일 먼저 해야 할 일은 바로 '창업 박람회 프로젝트'를 소개하는 것입니다. 구체적인 운영 방법은 서로 협의하며 만들어 가면 되지만, 핵심 활동은 처음 프로젝트를 제안한 선생님이 먼저 제시할 필요가 있습니다. 동학년 협의회에서 나온 질문과 제가 답변한 내용을 참고하시면 좋겠습니다.

Q1. 창업 박람회가 무엇인지 설명해 주세요.
A1. 저희 반에서 운영하고 있는 경제·금융교실 프로젝트의 활동 중 사업 활동이 있습니다. 학생들이 직접 창업 아이디어를 내고, 친구들에게 자신이 만든 재화나 서비스를 팔아서 돈을 버는 활동입니다. 이 활동을 네 개의 학급에서 함께 진행하는 것이 바로 '창업 박람회 프로젝트'입니다.

Q2. 다른 학급은 교실 화폐가 없는데, 선생님 반에서 사용하는 교실 화폐를 활용하나요?

A2. 아니요. 창업 박람회만을 위한 공용 화폐를 공모하고, 그중 한 가지를 선정하여 사용합니다. 학생들은 새로 만든 화폐를 이용해 재화와 서비스를 구입하거나 돈을 벌 수 있습니다.

Q3. 창업 박람회가 끝난 뒤 학생들이 번 돈은 어떻게 되나요?

A3. 창업 박람회가 끝나면 돈은 더 이상 쓸모가 없어집니다. 진짜 돈을 벌어야 한다는 동기가 없어도, 학생들은 창업 박람회에서 자신이 직접 사업 활동을 할 수 있다는 것 자체를 매우 재미있어합니다. 만약 학생들의 동기를 더 높이고 싶다면, 이익을 많이 남긴 사업체에게 시상을 해도 좋겠습니다.

Q4. 학생들이 무언가를 만들려면 예산이 필요할 텐데, 어떤 돈으로 지원할 수 있을까요?

A4. 1-1-1 프로젝트로 학급당 주어지는 10만 원의 지원금을 사용할 예정입니다. 또 6학년은 학기 초에 민주시민학년 공모를 통해 지원금을 받은 것이 있어서 학급당 30~40만 원 정도를 사용할 수 있습니다. 그래도 돈이 부족하다면 학급 운영비를 이용하시면 될 것 같습니다.

Q5. 사업체별로 얼마씩 지원하면 되나요?

A5. 지원금을 꼭 통일하지 않아도 됩니다. 사업마다 특성이 다르기 때문인데요. 일단 사업 계획서로 비용을 확인해 보고, 예산을 넘을 경우에는 수량 등을 조절해서 비용을 줄이도록 안내하면 좋겠습니다.

핵심 활동을 안내하면서 아래와 같이 활동 순서를 간단하게 제시해도 좋습니다.

▎동학년 창업 박람회 프로젝트 활동 순서

동학년 협의회에서 '창업 박람회 프로젝트'에 대해 논의하였으면, 역할 분담을 하고 프로젝트를 진행합니다. 아래 소개해 드리는 역할 외의 일들은 동학년 선생님과 함께 논의하여 협력하시면 됩니다.

역할	설명
프로젝트 계획서 작성	협의된 내용을 바탕으로 프로젝트 계획서 작성
공용 화폐 공모전	프로젝트 때 사용할 공용 화폐 공모 안내, 수합, 투표 진행의 역할
프로젝트 물품 구입	학급별 사업 물품을 수합하여 품의 및 구입
프로젝트 과정 기록	사진 및 동영상 등의 프로젝트 활동 과정 기록 담당(학생에게 맡겨도 됨.)
우수 사업체 시상	학급별 사업체 수익을 파악하여 시상 준비

달구쌤 TIP

동학년 선생님들께 창업 박람회를 안내하면 흥미를 보이시면서도 대부분 처음 해 보는 프로젝트라 막상 실행하는 것은 망설이기도 합니다. 사업 활동을 하지 않으려는 학생이 나오면 어떻게 해야 할지, 학생들이 포기하거나 돈을 잃어버리는 등 변수에 대한 우려가 많으신데요. 실제 그런 상황은 많지 않으며, 변수가 발생할 경우에도 학생 지도 때처럼 함께 논의해서 해결할 수 있음을 안내합니다.

활동 2 프로젝트 계획 수립하기

'창업 박람회 프로젝트'는 다양한 과목을 통합한 프로젝트인데요. 이 프로젝트의 운영을 위해서는 최소 12~14시간이 필요합니다.

- 창업 박람회 활동 안내, 부스 설치, 정리 및 후기 나눔: 각 1시간
- 홍보물 제작, 창업 박람회 운영: 각 2시간
- 창업 계획서 작성 및 발표(투자 설명회 별도): 2~3시간
- 재화 및 서비스 생산: 3~4시간

20○○학년도 6학년 1학기 프로젝트 학습 운영 계획

주제	스타트업		기간	20○○. ○○. ○○. ~ ○○. ○○.	
탐구 질문	• 내가 잘하는 것은 무엇이고, 무엇을 만들어 팔 수 있을까? • 6학년 친구들이 좋아할 만한 물건이나 용역에는 무엇이 있을까?				
핵심 개념	다문화, 세계시민	교과	관련 단원(성취기준)		차시
		사회	[6사06-01] 다양한 경제활동 사례를 통해 가계와 기업의 경제적 역할을 파악하고, 가계와 기업의 합리적 선택 방법을 탐색한다. [6사06-02] 여러 경제활동의 사례를 통하여 자유경쟁과 경제 정의의 조화를 추구하는 우리나라 경제체제의 특징을 설명한다.		6
		국어	[6국01-03] 절차와 규칙을 지키고 근거를 제시하며 토론한다. [6국01-05] 매체 자료를 활용하여 내용을 효과적으로 발표한다. [6국03-02] 목적이나 주제에 따라 알맞은 내용과 매체를 선정하여 글을 쓴다.		4
		도덕	[6도02-02] 다양한 갈등을 평화적으로 해결하는 것의 중요성과 방법을 알고, 평화적으로 갈등을 해결하려는 의지를 기른다.		1
		미술	[6미02-02] 다양한 발상 방법으로 아이디어를 발전시킬 수 있다. [6미02-03] 다양한 자료를 활용하여 아이디어와 관련된 표현 내용을 구체화할 수 있다.		4
		실과	[6실05-02] 나를 이해하고 적성, 흥미, 성격에 맞는 직업을 탐색한다. [6실05-04] 다양한 재료를 활용하여 창의적인 제품을 구상하고 제작한다.		1
			차시 계		16

활동 3 사업 계획 세우기

창업 활동에서 했던 것처럼, 창업 박람회를 위한 사업 계획도 세워야 합니다. 생산할 재화나 서비스에 대한 구체적인 설명(그림 포함), 가격과 홍보 방법 등의 판매 전략, 재화나 서비스를 생산할 때 필요한 재료, 재료의 필요 수량과 구입 가격, 팀원들의 역할 분담 등 구체적으로 계획을 세웁니다.

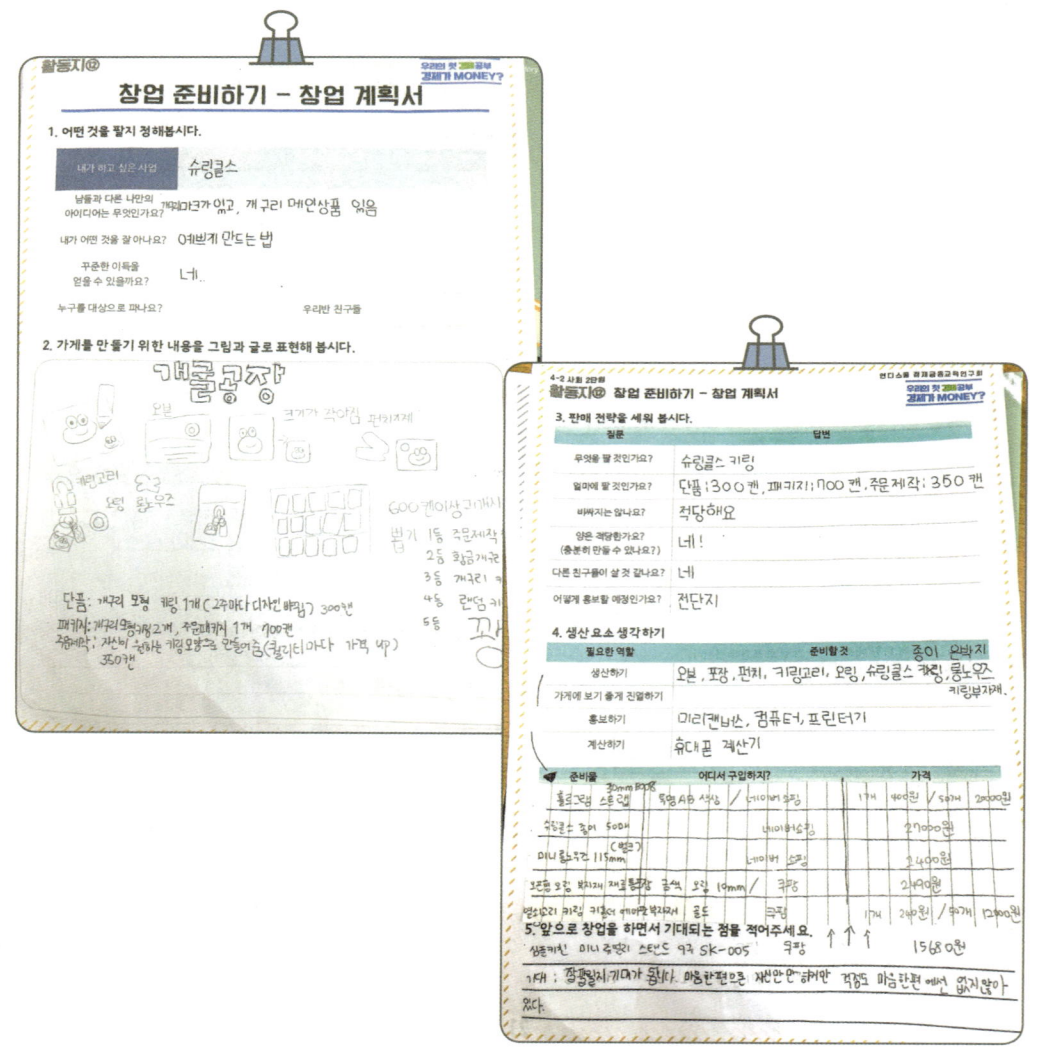

활동 4 공용 화폐 공모 및 선정하기 [선택]

한 학급에서 경제·금융교실을 운영할 때는 미술 시간을 활용하여 함께 교실 화폐를 그려 보고 선정하였습니다. 동학년과 함께 창업 박람회를 할 때 교실 화폐 공모를 진행하면 시간을 절약할 수 있습니다. 저희 동학년은 다음과 같은 방법으로 공모전을 실시했습니다.

① 각 학급에 교실 화폐 공모를 안내합니다.
② 참여를 희망하는 학생들은 공모전 담당 선생님께 화폐 도안을 제출합니다.
③ 담당 선생님은 1차로 도안을 선정합니다.
④ 학생 투표를 통해 1차 통과된 화폐 도안 중 한 가지를 선정합니다.
⑤ 최종 선정된 화폐를 디자인한 학생에게는 창업 박람회 당일에 사용할 수 있는 공용 화폐를 상품으로 수여합니다.

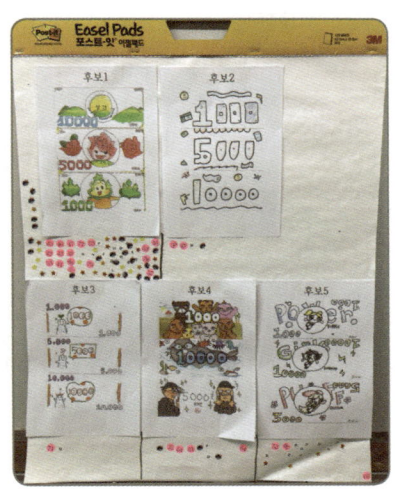

달구쌤 Tip

투표는 이젤 패드에 후보 도안을 붙여 각 학급에서 개별적으로 실시하였습니다. 후보 도안을 복도에 게시하여 투표하는 방법도 고민해 보았으나, 1인 1투표 원칙을 어기는 학생이 나올 수 있다는 우려가 있었습니다. 투표할 때에는 화폐의 통일성을 위해 한 학생이 만든 화폐 도안 전체를 한 번에 투표하게 했습니다. 화폐 도안이 더 다양하길 원한다면 화폐 크기 (1,000원권, 5,000원권, 10,000원권)별로 따로 투표하여 선정할 수도 있습니다.

활동 5 필요한 물품 정리하고 주문하기

학생들이 사업 계획서를 발표한 뒤에 선생님이 꼭 해야 할 일은 피드백입니다. 학생들의 사업 아이템에 대한 의견을 줄 수도 있지만, 그 아이템을 만드는 데 필요한 준비물과 관련한 피드백도 주어야 합니다.

저는 학생들에게 필요한 재료를 주문하기 위해 사업 계획서에 적힌 준비물을 따로 정리했습니다. 사업 계획서에 재료의 이름, 규격, 수량을 꼼꼼하게 쓰지 않으면 정확하게 주문하기 어려우므로, 반드시 정보를 구체적으로 기록하도록 피드백했습니다. 준비물에 대한 정보가 미흡할 경우, 해당 학생들에게 인터넷에서 원하는 재료를 직접 찾아서 보여 달라고 요청하는 방법도 있습니다.

4. 생산 요소 생각하기

필요한 역할	준비할 것
생산하기	패드 또는 폰, 라벨지, 컴퓨터, 프린터
가게에 보기 좋게 진열하기	다이소에 파는 연필 꽂이 또는 작은 선반
홍보하기	포스터를 만들어서 홍보
계산하기	계산기 (노트/가계부)

준비물	어디서 구입하지?	가격
투명 라벨지 (A4 사이즈)	인터넷 또는 이마트	4000~5000원 대
라벨지	인터넷 또는 이마트	4000~5000원 대
홀로그램 시트지	인터넷 (Som Doy요) 4장	900×4=3600+배송비=2500 =6100

이런 과정을 거친 후에는 모든 사업체의 필요 물품을 구글 스프레드시트에 정리하였습니다.

이번 프로젝트에서 제가 담당한 역할이 네 개 학급에서 필요한 물품 목록을 정리하고 주문하는 것이어서, 구글 스프레드시트를 더욱 유용하게 사용할 수 있었습니다. 링크를 공유하여 다른 학급의 선생님들도 쉽게 물품 목록을 확인하고 바로 수정할 수 있었습니다.

달구쌤 TIP

학생들과 함께 근처 문구점에 들러 직접 물건을 사 보는 것도 좋습니다. 평소 문구점을 자주 가는 학생들이더라도, 사업가의 입장에서 물건을 살 때는 관점이 달라지는 것을 볼 수 있습니다. 원하는 재료를 구하기 위해 이것저것 비교하기도 하고, 본인들이 생각했던 재료 외에 다른 상품들을 보면서 새로운 아이디어를 내기도 합니다.

활동 6   재화와 서비스 생산하기

학생들이 주문한 물품 택배가 도착하면 생산 활동이 본격적으로 시작됩니다. 동업하는 친구들끼리 모여 택배 상자를 여는 모습을 보면 아이들이 잔뜩 기대하는 것이 느껴집니다. 재료를 확인한 다음에는 곧바로 쉬는 시간을 투자하여 제품 생산에 들어갈 만큼 강한 열정을 보이기도 합니다.

▲ 종이접기 재료

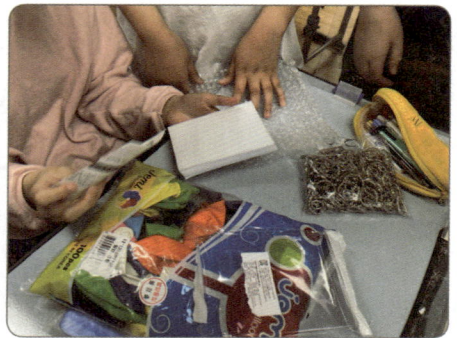
▲ 키링 만들기 재료

저희 반은 생산 활동에 모두 4시간을 할애했습니다. 사업체에 따라 생산에 필요한 시간이 각기 달랐기 때문에 4시간이 충분한 사업체가 있는 반면, 턱없이 부족한 사업체도 있었습니다. 하지만 학생들의 동기가 강한 만큼 그 이상의 시간을 확보해 주지 않아도 학생들은 쉬는 시간, 점심시간, 방과 후 시간, 집에서의 시간 등을 투자하여 원하는 만큼 제품을 생산했습니다.

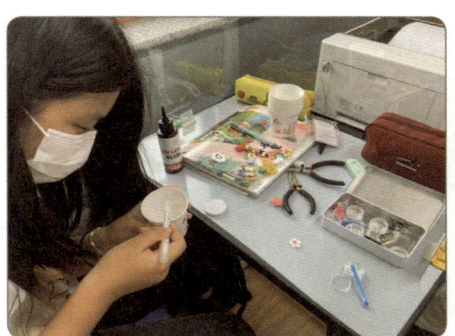 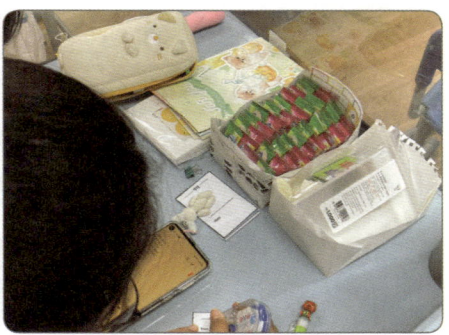

▲ 그립톡 만들기   ▲ 스티커 만들기

학생들이 제품을 생산하는 동안 교사는 사업체를 돌아다니며 학생들이 더 좋은 아이디어를 생각해 보도록 자극하거나, 문제를 해결하는 데 도움을 주는 조력자 역할을 할 수 있습니다.

저희 반에는 스티커를 제작하여 판매하는 사업체가 있었는데, 그 사업체의 학생들은 친구들에게 더 큰 즐거움을 주려고 스티커 포장지에 사탕을 하나씩 넣어 주었습니다. 저는 이 아이디어를 다른 사업체의 학생들에게 소개하면서 고객에게 좋은 이미지를 남기는 것의 이점을 알려 주었습니다.

책 대여 사업은 특별히 무엇을 생산해야 하는 사업이 아니어서, 동업하는 친구들과 집에 있는 책에 대한 정보를 나누고 바로 홍보물을 제작하게 했습니다. 이때 친구들의 다양한 요구를 반영하여 대여 가격을 책정할 것을 제안했습니다. 그 결과 책 종류별 가격 차별화, 여러 권 대여 시 할인 혜택, 중고 도서 판매까지 다양한 판매 전략을 세울 수 있었습니다.

풍선 아트 사업을 준비하는 학생들은 자신들이 생각했던 것보다 제품을 만드는 일이 어려워 힘들어했습니다. 처음에는 포기하지 말고 계속 도전해 보라고 독려해 주었지만, 몇 번을 시도해도 일이 잘 풀리지 않자 학생들은 풀이 죽은 모습을 보였습니다. 그래서 학생들에게 사업 아이템을 바꿀 것을 제안했고, 학생들은 풍선 아트에서 수제 초콜릿 제작으로 사업을 변경했습니다. 전보다 쉽게 제품 제작이 되니 초콜릿을 만드는 학생들의 표정이 다시 밝아졌습니다.

활동7 홍보물 제작하기 [선택]

사업을 할 때에는 제품 생산뿐만 아니라 홍보도 매우 중요합니다. 창업 박람회 당일에는 부스에 홍보물과 메뉴판을 설치할 수 있고, 창업 박람회가 열리기 전에는 복도에 자신들의 제품을 어필하는 홍보물을 게시할 수도 있습니다.

교사가 안내하지 않았는데도 벌써 홍보물을 제작하는 학생들도 있지만, 미처 생각하지 못하는 학생들도 있으므로 별도로 홍보물 제작에 대한 안내를 해 주고, 홍보물을 제작할 시간도 확보해 주는 게 좋습니다.

달구쌤 TIP

홍보 포스터를 직접 그려서 제작할 수도 있지만, 미리캔버스 사이트를 이용해 디자인한 다음 컬러 프린터로 인쇄하거나 사이트 내에서 주문 제작을 할 수도 있습니다.
또 미리캔버스로 명함을 제작할 수도 있습니다. 창업 박람회를 포함하여 경제·금융교실 프로젝트 활동을 할 때 명함을 활용할 기회가 많으므로 주문 제작해 보는 것을 추천합니다.

활동 8 창업 박람회 개최하기

　창업 박람회 당일에는 먼저 부스를 설치합니다. 부스 설치 후 창업 박람회를 개최하기 직전에 학생들에게 공용 화폐를 나누어 줍니다. 추후 매출, 비용, 이익 계산이 용이하도록 제품을 생산하는 데 든 실제 비용을 고려해 학생 한 명당 20,000원의 공용 화폐를 배부했습니다.

　예전에는 교실 화폐에서 많이 사용하는 50원, 100원, 500원, 1,000원 정도의 작은 단위로 공용 화폐를 사용하고, 물건값도 교실 화폐 단위에 맞춰 낮게 책정했습니다. 하지만 이렇게 하니 재료 구입 등 제품을 생산하는 데 든 실제 비용과 공용 화폐의 괴리감이 커져서, '매출-비용=(순)이익'으로 사업 성과를 평가하기가 어려웠습니다. 따라서 올해에는 일상생활에서 사용하는 실제 화폐 크기와 동일하게 공용 화폐를 사용하기로 했습니다.

창업 박람회는 총 두 타임으로 운영하였습니다. 거의 모든 학생이 사업체를 운영하므로 원활한 소비 활동을 위해 첫 번째 타임에 소비할 학생, 두 번째 타임에 소비할 학생으로 그룹을 나누었습니다. 그리고 판매할 제품도 두 타임에 골고루 분배하여 한 타임 안에 완판되지 않도록 했습니다. 또 학생들에게 몇 가지 안전 수칙도 안내했습니다.

　　오랜 준비 과정을 거쳐 드디어 창업 박람회가 열렸습니다. 예상했던 것처럼 학생들은 판매뿐만 아니라 소비에도 열과 성을 다했습니다. 특히 제품당 5,000원 내외의 가격이 책정되어 있어 본인들이 원하는 제품을 모두 살 수 없는 터라, 이 부스 저 부스를 보며 합리적으로 소비하려는 모습을 보였습니다.

　　인기가 별로 없는 부스의 학생들은 복도까지 뛰쳐나와 큰 소리로 자신들의 제품을 홍보하며 호객 행위를 하기도 했습니다.

　　무엇보다 학생들이 웃으며 창업 박람회를 즐기는 모습이 무척 보기 좋았습니다. 간혹 장사가 잘되지 않는 부스의 학생들은 표정이 조금 어두워지기도 하였지만, 손님이 한 명이라도 방문하면 웃으면서 열심히 자신들의 제품을 설명하곤 했습니다.

초반에는 학생들의 이목을 끄는 사업체에만 많은 학생이 몰려서 파리가 날리는 부스들도 종종 있었습니다. 하지만 시간이 지날수록 학생들이 신중하게 소비 활동을 시작하고, 인기가 많은 부스에 몰렸던 학생들도 오랜 기다림에 지쳐 다른 부스로 발길을 옮기면서 소비의 온기가 서서히 퍼져 나갔습니다.

> **달구쌤 TIP**
>
> 창업 박람회의 본래 취지는 학생들이 합리적인 선택뿐만 아니라 충분한 소비와 생산을 경험하게 하는 것입니다. 처음 학생들에게 배부한 금액(시중 통화량)이 충분한 소비를 일으키기에 적절한 금액이 아닐 수도 있습니다. 따라서 교사는 프로젝트 과정 틈틈이 학생들의 돈이 부족하여 소비가 얼어붙지는 않았는지 확인해야 합니다. 만약 그런 징후들이 발견되면 동학년 선생님들과 협의하여 신속하게 돈을 추가로 배부합니다. 또 이런 상황을 대비하여 여유 화폐를 넉넉하게 준비해 두는 것이 좋습니다.

이렇게 창업 박람회가 끝나면 사업체별로 매출을 확인하고 그전에 사용한 비용을 뺀 순이익을 계산합니다. 그리고 수익을 가장 많이 거둔 사업체를 선정하며 프로젝트를 마무리합니다.

 저학년 수업을 진행하신다면?

저학년 학생들은 매출, 비용, 이익의 개념을 이해하기가 힘들어 사업체의 성과를 평가하는 활동을 하기가 어렵습니다. 따라서 가장 열심히 사업 활동을 한 학생들, 가장 친절하게 제품을 판 학생들, 가장 많은 손님을 맞이한 학생들(손님 수를 카운트할 수 있는 장치가 필요함)에게 상장이나 상품을 주어 칭찬하는 것이 더 적절합니다.

또 저학년 학생들은 매출, 비용, 이익을 따로 계산하지 않아도 되므로 교실 화폐의 크기도 현실에서 사용하는 크기와 다르게 해도 됩니다. 50원, 100원, 500원, 1,000원 정도의 크기를 사용하면 학생들이 계산하기도 쉽습니다.

이 수업이 더 궁금하시다면?
달구쌤 영상 보러 가기 ▶

이야기

선생님, 상품 돌려 달래요!

사업 활동을 하면 항상 나오는 아이템 중 하나가 '뽑기'입니다. 그래서 저는 사업 활동을 시작할 때 뽑기 사업보다 좀 더 창의적인 사업 아이템을 고민하게 하고, 뽑기 사업은 자제시키려고 하는데요.

하지만 이번 '동학년 창업 박람회' 때는 옆 반에 뽑기 사업 팀이 있었습니다. 박람회 당일, 많은 학생들이 돈을 내고 뽑기에 참여했습니다.

> 선생님! 저 뽑기 1등 걸렸어요.

> 오, 정말? 1등 상품이 뭐야?

> 닌텐도 DS요! 대박이죠!

> 뭐? 정말? 너무 비싼 상품 아니니?

> 그렇죠? 그래서 저도 진짜인가 싶었는데. 1등 걸리니까 진짜로 줬어요!

정헌이에게 1등 상품이 무엇인지 듣는 순간 정말 많은 생각이 스쳐 지나갔습니다. '과연 옆 반 학생이 부모님 허락을 받고 상품을 가져왔을까? 아마도 집에 가면 엄청 혼나지 않을까?' 하는 생각이 들었죠.

아니나 다를까, 다음날 옆 반 선생님이 저를 찾아왔습니다.

선생님, 어제 지호 어머니한테 전화가 왔는데, 지호가 부모님 허락도 안 받고 닌텐도 게임기랑 팩을 상품으로 줬나 봐요. 혹시 어제 상품으로 닌텐도 DS랑 팩 타 간 학생들을 따로 불러 주실 수 있을까요?

아, 왠지 이런 일이 일어날 것 같았는데……. 일단 제가 따로 아이들 불러서 잘 얘기해 볼게요.

결국 정헌이를 비롯한 몇몇 친구들을 따로 불러 상품을 돌려주자는 취지로 얘기를 해 보았습니다. 다행히 아이들이 옆 반 지호와 친하기도 하고, 본인들도 너무 과한 상품이라고 생각했는지 흔쾌히 상품을 돌려주기로 했습니다.

이렇게 사업 흥행에만 집중하여 예상 비용을 제대로 생각하지 못하는 일을 막으려면, 계획 단계부터 매출뿐만 아니라 비용도 확실히 확인해야 합니다.

저 역시 학생들에게 사업의 성공은 많이 파는 것이 아니라, 이익을 많이 남기는 것임을 확실히 가르쳐 줘야겠다는 생각이 들었습니다.

⑤ 금융으로 교실을 잇다!

- **활동 1** '금교잇'의 출발, 일대일 무역 [선택]
- **활동 2** 일대일 무역 확장하기 [선택]
- **활동 3** 환율 시스템 만들기
- **활동 4** 소통의 장 마련하기
- **활동 5** 홍보물 업로드하기
- **활동 6** 댓글로 주문하기

*이야기 어떤 제품이 가장 많이 팔렸을까?

　경제·금융교실을 통해 학생들은 교실 안에서 다양한 경제·금융 활동을 경험할 수 있었습니다. 직업을 갖고, 임금을 받고, 세금을 내고, 학급 가게에서 소비 활동을 해 보고, 자신만의 사업도 해 보았습니다.
　이러한 기본적인 경제·금융 활동을 체험하는 것만으로도 아이들은 많은 것을 배우고 느낄 수 있었는데요. 더 나아가 국가와 국가가 서로 무역을 하듯 학급과 학급을 연결한다면 아이들은 더 다양한 경험을 할 수 있을 것입니다.
　이러한 바람으로 만든 시스템이 바로 '금교잇'인데요. 다른 학교, 얼굴도 모르는 친구들과의 무역 활동! 어떻게 진행되었을까요?

활동 1 ## '금교잇'의 출발, 일대일 무역 [선택]

경제의 핵심은 '연결'입니다. 경제의 많은 가치들은 연결에서 생겨납니다. 서로 특기가 다른 사람이 협력하여 더 뛰어난 물건을 만들어 내기도 하고, 다른 지역의 마을이 연결되어 특산물을 교류하면서 풍요로운 삶을 선물하기도 하지요. 또 국가와 국가가 연결되어 무역을 하면서 국민들에게 더 싸고 질 좋은 물건들을 제공하기도 합니다.

'금교잇'은 '금융으로 교실을 잇다'의 줄임말로, 서로 다른 지역에 있는 교실을 연결하여 무역과 같은 교류를 하기 위해 만든 시스템입니다. 학생들이 더 많은 친구들과 교류하면서 더 큰 즐거움을 얻고 의미 있는 경험을 하길 바라며 만든 것이죠.

❶ 환율 만들어 적용하기

'금교잇'은 처음에는 학급과 학급을 잇는 일대일 무역부터 시작하였습니다. 금교잇 활동에 관심 있는 선생님을 섭외하여 저희 반과 무역을 시도하였는데요. 두 반을 연결하는 데 가장 큰 걸림돌은 두 반의 화폐 단위와 가치가 다르다는 것이었습니다. 그래서 두 반의 화폐를 비교하기 위해 환율을 만들어 적용하기로 했습니다.

달구쌤: 박 선생님, 두 반의 화폐 단위와 가치가 다르니까 서로 무역을 하려면 환율을 만들어야 하지 않을까요?

박 선생님: 네. 그러면 다른 학급 친구가 만든 물건의 가격을 보고, 우리 반 돈으로는 얼마 정도인지 가늠할 수 있겠네요.

달구쌤: 어떤 방법으로 환율을 정하면 좋을까요?

박 선생님: 빅맥 지수*처럼 두 학급에서 파는 과자의 가격을 비교해서 환율을 만들면 어떨까요?

*빅맥 지수: 맥도날드의 햄버거 '빅맥'의 판매 가격을 기준으로 하여, 각 나라의 상대적 물가 수준과 통화 가치를 비교하는 지수.

답구쌤: 오, 좋은데요? 생각보다 환율 계산하기도 쉬울 것 같고요. 새로니즈(박 선생님 반)에서 혹시 젤리 팔고 있나요?

박 선생님: 네. 새로니즈에서는 젤리 하나를 200새론에 팔고 있어요.

답구쌤: 환타국에서는 150캔에 팔고 있는데, 그러면 환타국과 새로니즈의 화폐 가치 비를 3:4로 하면 되겠네요.

이렇게 위 환율을 토대로 계산한다면, 환타국의 수출품 가격이 375캔이라면 새로니즈에서는 500새론임을 알 수 있습니다.

❷ 클래스123으로 무역 활동하기

두 나라의 화폐를 연결한 뒤에는 학생들이 다른 반 친구들이 만든 물건을 구경하고 주문할 수 있도록 공동 클래스123 학급을 개설하였습니다. 클래스123을 통해 학생들이 물건을 주문하면, 오프라인 모임 때 선생님들끼리 물건과 화폐를 교환하면서 무역 활동을 하였습니다.

당시 저희 반에는 3D 프린터기, 과학실에는 3D 커팅기가 있었는데요. 이것을 이용하여 사업을 하길 원하는 학생들은 일정한 사용료를 내고 제품을 생산하곤 했습니다.

처음에는 노란색 또는 녹색 필라멘트로 제품을 출력한 다음 바로 판매하였지만, 아이들이 조금씩 욕심을 내면서 하얀색 필라멘트로 출력한 제품에 아크릴 물감을 칠하는 등 제품을 업그레이드하기 시작했습니다.

▲ 3D 프린터기로 출력한 후 물감으로 색칠한 제품

특히 저희 반 인호는 남다른 집념과 열정으로 아주 수준 높은 제품을 생산하기도 했습니다.

달구쌤	인호야, 너 정말 대단하다. 안 힘들어?
인호	네, 재미있어요.
달구쌤	뭐가 그렇게 재미있어?
인호	예쁘게 색칠한 제품을 보면 너무 마음에 들어요. 팔아서 돈도 벌 수 있고요.
달구쌤	그래서 인호는 쉬는 시간이랑 점심시간에도 쉬지 않고 열심히 칠하는구나!

달구쌤 TIP

금교잇은 여러 지역의 많은 학급과 무역을 통해 교류를 하는 활동입니다. 그만큼 많은 준비와 노력이 필요하므로, 무역을 해 본 경험이 전혀 없는 선생님께서는 실천하기가 쉽지 않은데요. 그런데도 학생들이 무역 활동의 즐거움을 꼭 느껴 보았으면 하신다면, 앞에서 설명해 드렸던 일대일 무역을 추천해 드립니다. 환율 책정도 어렵지 않고, 클래스123으로 소통 공간을 만드는 것도 간단하여 조금만 노력을 기울인다면 충분히 무역 활동을 하실 수 있습니다.

활동 2 일대일 무역 확장하기 [선택]

　일대일 무역 활동을 하면서 가장 뿌듯했던 점은 학생들이 무역 활동을 무척 즐거워한다는 점이었습니다. 전혀 알지 못했던 친구들과 온라인으로 소통하며 그 친구들이 만든 물건을 주문하고, 화면으로만 보던 물건을 직접 받아 보며 매우 신기해하고 흥미로워했습니다. 심지어 자신의 물건을 주문한 다른 반 친구들에게 정성 들여 감사의 편지까지 쓰는 모습을 보이기도 했지요. 저는 이러한 모습들을 보면서 조금 더 많은 학급과의 교류를 꿈꾸었고, 제가 활동하는 경제·금융교육연구회 선생님들과 '금교잇' 프로젝트를 본격적으로 시작하기로 했습니다.

　먼저 금교잇을 함께 운영할 학급을 찾아야 했는데요. 연구회 단체 채팅방과 공식 카페에 아래와 같이 금교잇 활동을 간단하게 안내하고 선생님들의 신청을 받았습니다.

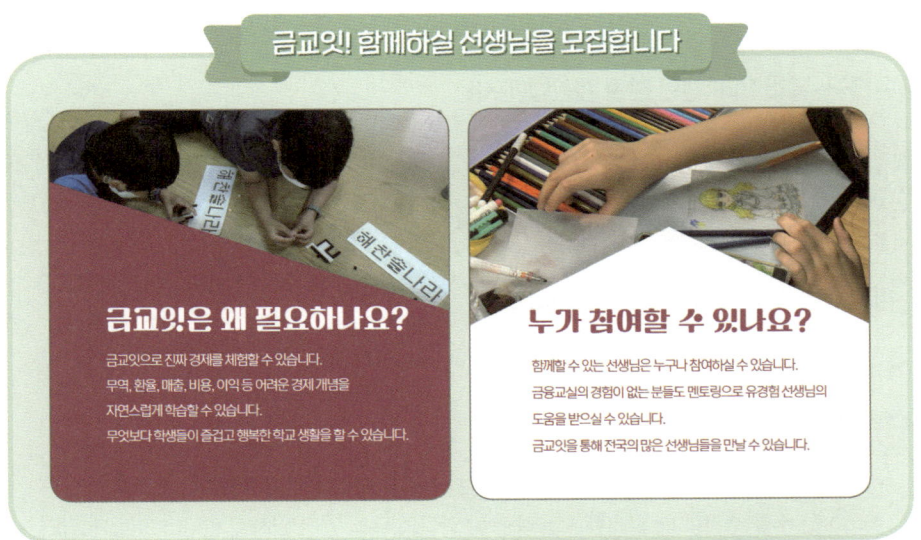

　이렇게 전국 여러 지역에서 20~30개의 학급이 모였고, 함께 금교잇을 운영하고 있답니다.

활동3 환율 시스템 만들기

무역을 할 때 꼭 필요한 것이 환율 시스템입니다. 앞에서도 말씀드렸듯, 학급마다 화폐의 단위와 가치가 다르기 때문인데요.

일대일 무역에서는 빅맥 지수를 활용하여 두 학급의 화폐 가치를 비교하였지만, 금교잇에서까지 빅맥 지수를 활용하기는 어려웠습니다. 각 학급의 상황이 너무 다르고, 여러 학급의 화폐 가치를 비교하기가 너무 복잡하여 다른 방법이 필요했습니다. **그래서 금교잇에서는 '달러'를 공용 화폐로 만들어 사용하기로 했습니다.** 서로 다른 학급이 재화나 서비스를 사고팔 때는 각 학급별로 가지고 있는 달러를 주고받는 것입니다.

달러 대비 환율은 **각 학급이 현재 보유한 달러의 양과 학급에서 지금까지 발행한 화폐량을 비교하여 계산합니다.** 금교잇에 참여하는 학급은 매주 '학생 수×500달러'의 달러를 갖게 되는데요. 이렇게 축적된 전체 달러의 양과 현재 학급에서 발행한 교실 화폐의 양을 비교하여 환율을 계산하는 것입니다.

▌환타국_달러 대비 캔의 환율 계산법(예시)

학급 (나라) 이름	학생 수	금교잇 운영	총 발행 화폐	달러 보유량	캔/달러 환율
환타국	29명	10주차	116,000캔	29명×500달러×10주= 145,000달러	116,000/145,000= 0.8캔/달러

> **달구쌤 TIP**
> 매주 각 학급에 학생 수에 비례하는 달러(1인당 500달러)가 제공되지만, 무역 주간에 재화나 서비스를 수출·수입할 때 달러를 사용하면 각 학급의 달러 양이 변하게 됩니다. 이렇게 달러 결제로 인해 달러 보유량이 변동되면 환율에도 영향을 미칩니다.

이렇게 매주 한 번씩 각 학급의 총 발행 화폐와 달러 보유량을 조사하여 환율을 계산하고, 그 결과를 금교잇 사이트에 고시하여 무역 주간 때 활용하였습니다.

활동 4 소통의 장 마련하기

환율 시스템 못지않게 중요한 것이 있는데요. 바로 각 학급 학생들이 재화나 서비스를 서로 홍보하고 주문할 수 있는 소통의 장을 마련하는 것입니다. 그래서 바로 지금의 금교잇 사이트(fedulink.com)가 탄생하였습니다.

학생들은 금교잇 사이트에 PPT나 미리캔버스로 만든 홍보 자료를 업로드하여 자신들의 재화나 서비스를 홍보할 수 있습니다. 또 다른 학급에서 만든 재화나 서비스를 살펴보고, 수입을 희망하는 제품은 댓글로 주문할 수 있지요.

달구쌤 TIP

무역에 대한 학생들의 흥미와 동기가 매우 크므로, 무역을 위한 생산, 홍보, 주문 활동을 할 때 선생님 지도가 많이 필요하진 않습니다. 심지어 제가 알려 주지 않았는데도 자신들이 만든 제품을 더 잘 홍보하고 싶어서 학생들이 스스로 미리캔버스와 같은 다양한 툴을 활용하여 홍보물을 제작하기도 합니다.

활동 5 홍보물 업로드하기

무역 주간이 시작되고 제일 먼저 하는 활동은 제품의 홍보물을 제작하는 것입니다.

왼쪽 그림은 곰돌이와 토끼 쿠키를 판매하는 학생이 만든 홍보물입니다. 이처럼 학생들은 파워포인트나 미리캔버스를 활용하여 자신들의 제품을 알리는 홍보물을 자유롭게 제작하곤 합니다.

홍보물 제작 능력이 부족하거나, 제작을 원하지 않는 학생들은 간단하게 사진을 찍어 올리거나 안내 글만 올리기도 합니다. 하지만 이런 경우 홍보물이 있는 다른 제품에 비해 소비자의 눈길을 끌기가 어려워 제품을 많이 팔지 못하는 경우가 많습니다.

이렇게 무역 주간을 한 번만 경험해 보아도 학생들은 스스로 홍보의 중요성을 깨달을 수 있답니다.

> **답구쌤 Tip**
>
> 무역 활동을 하기에 2주라는 시간이 충분하지는 않습니다. 수출할 제품의 아이디어를 생각하고, 다른 친구들에게 발표하고, 재료를 주문하는 등의 준비 기간도 필요합니다. 이러한 준비는 무역 주간이 시작되기 전, 학급별로 시간을 마련하여 진행하는 것이 좋습니다. 따라서 학기가 시작될 때 무역 주간 날짜를 미리 정하고 학급별로 일정을 꼭 안내해 주세요.

홍보물을 다 제작했으면 완성한 홍보물을 첨부하고 게시글을 작성하여 금고잇 사이트에 업로드합니다.

이때 학생들이 꼭 넣어야 할 필수 정보들이 있는데요. 담임 교사는 아래와 같은 필수 정보(구매 옵션 등)를 미리 학생들에게 안내하여, 게시글 내용에 반드시 포함할 수 있도록 지도합니다.

제품의 종류가 다양한 경우에는 제품별로 일련번호를 정하거나, 제품의 색깔을 명확하게 구별하여 알려 줍니다. 학생들이 댓글로 주문을 하다 보면, 구매하려는 제품을 명확하게 입력하지 않고 '사고 싶어요', '구매합니다'로 구매 의사만 밝히는 일이 간혹 있습니다. 판매자가 미리 제품 정보를 명확하게 안내해 주면 이러한 주문 오류를 막을 수 있습니다.

또 **제품의 가격을 정확하게 안내해야 합니다.** 현재는 물건을 수출하는 학급의 화폐 단위로 가격을 표시하고, 그 옆에 달러 표시 가격도 함께 안내하고 있습니다. 금교잇에 참여하는 모든 학급의 화폐 단위로 가격을 알려 주기는 어려우므로, 공용 화폐인 달러로만 안내하는 것입니다.

이렇게 안내된 달러 표시 가격에 자신들의 학급 환율을 곱하여 계산하면 수입하고자 하는 제품의 가격을 정확하게 알 수 있습니다.

> **달구쌤 Tip**
>
> * **수입자(제품을 구매하는) 학생 입장에서 환율 계산하기**
>   - 제품의 달러 표시 가격 × 자기 학급의 환율
>   - 저희 반(환타국) 학생이 다른 나라의 100달러짜리 상품을 구매할 때, 100달러에 저희 반 캔/달러 환율인 '0.8캔/달러'를 곱하면 '80캔'이라는 가격이 나옵니다.
>   (100달러 × 0.8캔/달러 = 80캔)
>
> * **수출자(제품을 판매하는) 학생 입장에서 환율 계산하기**
>   - 제품의 학급 화폐 표시 가격 ÷ 자기 학급의 환율
>   - 환타국의 수출업자 학생이 80캔짜리 제품을 판매하고 싶다면, 80캔을 '0.8캔/달러'로 나누어 계산합니다.
>   (80캔 ÷ 0.8캔/달러 = 100달러)
>
> 초등학교 6학년 수학 교육과정과 연계하면, '0.8캔:1달러=80캔:☐'와 같이 비례식을 만들어 계산할 수도 있습니다.

활동 6 댓글로 주문하기

다른 학급의 학생들이 정확하게 상품을 주문하고, 상품이 바르게 배송될 수 있도록 홍보 게시글에는 댓글의 예시를 적습니다.

|키링 구매 댓글 양식|
예) 환타국 / 박○○ / 핑크 / D자 고리 / 1개

위 예시처럼 댓글에 주문하는 학생의 학급(나라) 이름, 학생의 이름을 정확하게 쓰고, 원하는 상품의 종류와 수량을 남기도록 안내하는 것입니다.

게시글을 본 학생들은 구매 양식에 따라 댓글을 입력하여 주문을 합니다. 제품을 판매하는 학생들은 댓글을 보고 주문을 확인합니다.

커스터마이징을 할 수 있는 제품은 주문이 다소 복잡한데, 이런 경우에는 오른쪽 이미지와 같이 댓글로 소통을 하기도 합니다.

주문자 학생이 원하는 상품이 정확하게 무엇인지 댓글로 정보를 주고받으며 주문/배송 오류를 방지할 수 있습니다.

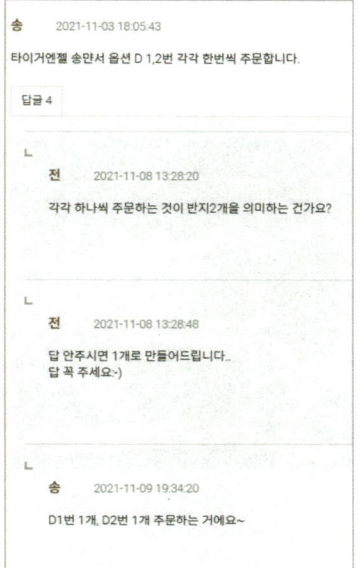

달구쌤 Tip

무역 활동을 하면서 인터넷 예절도 배울 수 있습니다. 서로 모르는 친구들에게는 존칭을 사용하고, 상대를 배려하며 글을 작성하고 댓글을 달도록 지도합니다.

저학년 수업을 진행하신다면?

선생님이 좀 더 주도적인 역할을 담당하신다면, 저학년 학생들과도 충분히 무역 활동을 할 수 있습니다.

- 사업 아이템을 선정할 때 학생들의 의견을 충분히 모은 다음, 그중 현실적으로 실현 가능한 아이디어, 다른 학급 학생들에게 판매할 수 있는 아이디어를 고르는 데 선생님이 적극적으로 의견을 제시할 수 있습니다. 만약 학생들의 아이디어가 부족하다면 금교잇 사이트에서 다양한 사업 아이디어를 살펴보거나, 교육 쇼핑몰에서 다양한 키트를 살펴보고 학생들 수준에 적절한 것을 선정합니다.
- 홍보물을 제작할 때, 저학년 학생들은 파워포인트나 미리캔버스를 다루기가 쉽지 않아 직접 그림을 그리거나 사진을 찍는 방법으로 만들 수 있습니다. 선생님은 학생들이 만든 홍보물을 선별하여 홍보 글에 첨부하고, 중요한 정보를 기록하여 글을 업로드합니다.
- 저학년 학생들은 상품을 주문할 때 댓글에 필수 정보를 정확하게 기록하지 못하는 일이 많습니다. 따라서 담임 선생님과 함께 '학급(나라) 이름, 본인 이름, 원하는 제품 종류'가 잘 들어가도록 댓글을 적어 보는 연습을 해 보면 좋습니다.

이 수업이 더 궁금하시다면?
달구쌤 영상 보러 가기 ▶

어떤 제품이 많이 팔렸을까?

영락국/양
무드등 리뷰입니다
전 무드등 4번 즉 회전목마 무드등을 시켰습니다
제 개인적으로 너무 예뻤고 저희 집에있는 무드등과 같이 두니 더더더 예뻤습니다
무드등 선공하신 것 같습니다^-^
감사합니다

이번 무역 주간에 저희 반에서 가장 많이 팔린 제품은 '무드등'입니다.
지난 무역 주간에 잘 팔렸던 키링과 슈링클스는 의외로 인기가 많지 않았는데요. 학생들과 그 이유를 함께 생각해 보았습니다.

이번 무역 주간에 무드등 사업이 대박이 났어요. 그 이유가 무엇인지 한번 생각해 볼까요?

무드등은 홍보 사진을 예쁘게 잘 찍은 것 같아요.

맞아요. 선생님이 봐도 사진이 감성적이고 분위기 있더라고요. 또 다른 이유는 없을까요?

무드등 자체가 좋은 아이템인 것 같아요. 그냥 갖고 싶게 생겼어요.

지금까지 무드등을 파는 사람이 없었는데, 새로워서 잘 팔린 것 같기도 해요.

지난번에는 키링과 슈링클스 사업이 아주 잘 되었는데, 이번에는 왜 부진했을까요?

무드등이 새로운 데 비해, 키링이나 슈링클스는 지난번에 팔았던 제품을 또 파는 거라서 조금 식상하지 않았을까요?

무역 주간마다 유행하는 제품이 달라지는 것 같기도 해요.

 어떤 제품은 인기가 많고, 어떤 제품은 인기가 없었던 이유를 이야기하면서 학생들은 홍보의 중요성, 제품의 신선함, 유행 등 제품 판매에 영향을 미치는 요인을 생각해 볼 수 있었습니다.

 무역 활동을 할 때 많은 학생들의 동기가 쉽게 유발되기도 하지만, 반대로 동기를 잃고 포기하는 학생들도 있곤 합니다. 이번에 키링과 슈링클스 사업을 한 학생들은 지난번과 달리 사업 성과가 좋지 않은 것에 크게 실망하며 다음 무역 활동에는 참여하고 싶지 않다는 의사를 내비치기도 했습니다.

 이럴 때는 이처럼 인기가 많은 사업과 그렇지 못한 사업의 이유를 함께 생각해 보면 좋습니다. 이유를 이야기하다 보면 해결 방법이 자연스럽게 떠올라 무역 활동에 다시 도전할 마음이 생기기도 합니다. 또 반드시 자신들의 능력이나 노력에 의해서만 사업 성패가 좌지우지되지 않는다는 것을 깨달으며 아이들의 실망감도 줄어들 수 있습니다.

PART 4

부동산

❶ 이 자리 찜! 내가 살래요
❷ 그 자리, 나한테 팔지 않을래?
❸ 임대료가 너무 비싸잖아!

 기부
 돈
 금융 제도
 사업

① 이 자리 찜! 내가 살래요

활동 1 부동산 분양 안내하기

활동 2 부동산 관리원 선발하기

활동 3 부동산 분양하기

*이야기 안 돼! 나만 떨어졌어!

활동 4 매매 계약서 작성하기

활동 5 후기 남기기 [선택]

　지금까지 우리 학생들은 세금뿐만 아니라 자신이 앉은 자리(부동산)에 대한 임대료를 내야 했습니다. 부동산 소유권을 가진 정부가 임대인의 지위를 가지고 있고, 반대로 학생들은 임차인의 지위를 갖고 있어 자리를 사용하는 것에 상응하는 대가를 지불해야 했기 때문입니다.

　지금부터 시작할 '부동산' 단계에서는 정부에게 소유권을 이전받으면 더 이상 임대료를 지불하지 않아도 됩니다. 또 그 부동산을 내 마음대로 처분할 수도 있습니다. 친구들과 자리를 사고팔 수도 있고, 돈을 받고 빌려줄 수도 있답니다.

활동1 부동산 분양 안내하기

부동산은 학생들이 지금까지 거래한 것 중에서 금액이 가장 큰 상품입니다. 부동산 거래 절차가 조금 복잡하므로 미리 부동산 분양을 안내하는 시간이 필요합니다.

달구쌤: 지금까지 여러분의 자리는 정부의 것이었습니다. 그래서 여러분이 매주 100캔씩 임대료를 냈던 거예요. 그런데 이제 이 자리를 여러분에게 분양할 거예요. 정부에 돈을 주고 자리를 사면 임대료를 내지 않아도 됩니다. 분양받은 자리는 친구들과 사고팔 수도 있습니다.

학생: 선생님, 자릿값이 얼마예요?

달구쌤: 5,000캔입니다.

학생: 저는 3,000캔밖에 없는데요.

달구쌤: 부족한 돈은 은행에서 대출하면 됩니다.

달구쌤 TIP

부동산 가격을 정할 때는 크게 두 가지 방법을 사용합니다.
첫 번째는 현금 흐름 할인법을 이용하는 것이고, 두 번째는 학생들의 재산과 비교하여 부동산 가격을 정하는 것인데요. 첫 번째 방법은 개념이 다소 어려워서 저는 두 번째 방법 선호합니다.
5,000캔은 당시 학생들의 평균 재산 규모가 2,000~3,000캔으로 파악되어 책정한 분양가입니다. 열심히 돈을 모은 친구들은 자신이 가진 돈으로도 구입이 가능하겠지만, 그렇지 못한 친구들은 은행에서 주택 담보 대출을 받아 부동산을 구입하면서 현실과 비슷한 경험을 할 수 있습니다.

활동 2 부동산 관리원 선발하기

부동산 분양을 하기 전에 정부가 준비해야 할 것이 있습니다.

부동산 관리원을 채용하고, 매매 계약서와 임대 계약서, 부동산 등기 장부를 만들어야 합니다.

특히 부동산 관리원을 채용한 다음에는 부동산 관리원의 역할을 잘 안내하고, 부동산 매매 계약서를 보고 부동산 등기를 하는 방법을 자세히 설명해 주어야 합니다.

달구쌤: 부동산 관리원은 친구들이 부동산 매매를 하거나 임대를 할 때 계약서를 나눠 주고 방법을 잘 설명해 주는 것이 제일 중요해. 그러니까 네가 부동산 매매와 임대 방법을 잘 알아야 한단다.

부동산 관리원 학생: 네, 알겠습니다.

달구쌤: 우선 부동산 매매를 할 때는 부동산을 사고팔 두 사람이 너한테 계약서를 받아서 작성하고, 서로 돈을 주고받은 다음 다시 계약서를 너한테 줘야 해. 네가 계약서를 확인하고, 부동산 등기 장부에 주인이 바뀌었다는 내용을 적어야 진짜 주인이 바뀌는 거야. 알았지?

부동산 관리원 학생: 조금 어렵긴 한데, 이해돼요. 임대는요?

달구쌤: 임대도 마찬가지로 부동산을 빌려주고 빌릴 두 사람이 너한테 임대 계약서를 받아서 작성하고, 서로 약속한 대로 매주 임대료를 주면 돼. 그런데 임대는 주인이 바뀌는 것은 아니니까 부동산 등기 장부에 기록하지 않아도 돼.

나머지 학생들에게도 부동산 분양 순서와 방법을 안내하고 분양을 시작하면 됩니다.

활동 3 부동산 분양하기

학생들에게 부동산을 분양받는 방법을 알려 줍니다.

달구쌤: 부동산을 분양받는 방법에 대해서 알려 드리겠습니다. 우선 선생님이 분양권(빈 종이)을 나눠 주면 자기가 사고 싶은 자리의 주소를 확인한 다음에 자기 이름과 주소를 적어서 제출하면 됩니다. 그러면 분양권에 적은 주소대로 부동산을 살 수 있습니다.

학생: 한 자리에 여러 명이 분양권을 제출하면 어떻게 해요?

달구쌤: 그럴 때는 추첨을 할 거예요. 경매를 할까도 고민해 봤지만, 경매를 하면 돈이 많은 친구가 너무 유리하기 때문에 추첨으로 한 명을 뽑을 거예요.

학생: 자리를 분양받으면 바로 그 자리로 옮길 수 있나요?

달구쌤: 부동산은 물건을 살 때와 달리 진짜 주인이 되는 방법이 조금 복잡해요. 추첨이 모두 끝나고 자리 주인이 다 정해지면 설명해 줄게요.

> **달구쌤 Tip**
>
> 부동산 분양을 미리 안내하면 학생들은 친한 친구와 앉고 싶어서 서로 어디에 앉을지 의논하기도 하고, 자신이 원하는 자리를 다른 친구들에게 미리 알려 경쟁을 줄이려고 노력합니다. 학생들이 친구들과 논의하는 것은 분양 시 과도한 경쟁을 줄이는 효과가 있습니다. 그러나 어떤 자리를 미리 선점하여 다른 친구들의 진입 자체를 막는 것은 바른 행동이 아니므로 사전에 누구든 어디든지 앉을 수 있다고 확실히 안내해 주세요.

학생들은 각자 분양권에 자신의 이름과 원하는 자리의 주소를 적어 제출하고, 추첨하여 자리의 주인을 정합니다.

학생 중에는 분양가가 부담스러워 부동산 분양에 참여하지 않는 학생도 있습니다. 그러면 자연스럽게 분양되지 않은 자리가 남게 되고, 남은 자리는 2차로 원하는 학생들에게 재분양을 합니다.

2차 분양까지 했는데도 자리 주인이 나타나지 않으면 정부 소유로 남겨 둡니다. 자리 추첨이 모두 끝나면 학생들은 정부와 매매 계약서를 작성하고, 약속한 분양가를 납부합니다.

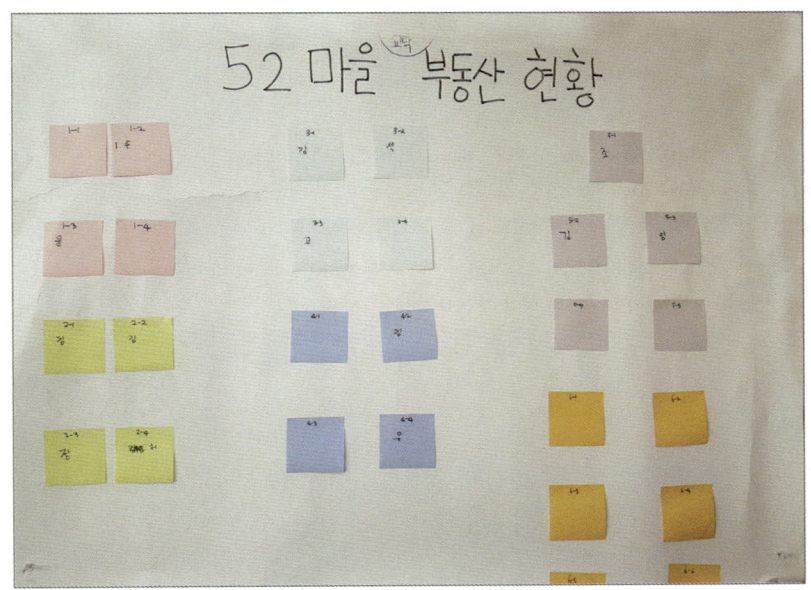

▲ 부동산 분양 현황

▲ 부동산 등기 장부

안 돼! 나만 떨어졌어!

자리 분양을 모두 안내한 뒤에는 학생들이 서로 얘기할 시간을 줍니다. 학생들은 한 표씩 제공되는 소중한 분양권을 헛되게 날리지 않으려고 열심히 의견을 조율합니다. 특히 친한 친구들끼리 앉으려고 경쟁이 적은 자리를 물색하기도 합니다.

얘들아, 나-1, 나-2, 다-1, 다-2 쪽에 앉으려는 애들이 얼마 없어서 우리가 저 중에서 골라 앉으면 될 것 같은데 어때?

좋아. 그러면 내가 나-2에 앉을게. 윤하가 나-1, 명진이가 다-1, 서현이가 다-2에 청약하면 어때?

좋아!

하지만 서너 명의 학생이 함께 앉기가 쉽지만은 않습니다. 불청객으로 끼어들거나 훼방을 놓는 친구도 있습니다.

자, 다음 청약 신청서를 확인해 볼게요. 오! 관민이가 다-2를 신청했네요. 다-2 자리를 두고 서현이랑 관민이, 두 명이 경쟁하게 되었습니다.

뭐야? 김관민이 왜 그 자리에 청약을 하고 난리야?

서현아, 걱정하지 마! 네가 꼭 될 거야!

두 사람은 앞으로 나와서 O, X가 적혀 있는 종이 중 하나를 골라 주세요.

(쪽지를 확인한 후) 안 돼. 나 X야! 나만 떨어졌어!

이렇게 절친한 무리 중 한 명이 떨어지는 비극적인 일이 많습니다. 결국 서현이는 나중에 좀 더 비싼 가격에 다-2를 사서 친구들 곁으로 자리를 옮겼답니다.

활동 4 : 매매 계약서 작성하기

선생님이 정부의 대표이긴 하지만, 매매 계약서는 미리 채용한 부동산 관리원과 작성하도록 합니다. 쉬는 시간과 점심시간을 이용하여 부동산 관리원과 학생들이 1:1로 계약서를 작성하고 바로 돈을 지급하게 하거나, 시간을 주어 약속된 날짜까지 은행에서 돈을 대출한 다음 부동산 관리원에게 지급하도록 합니다.

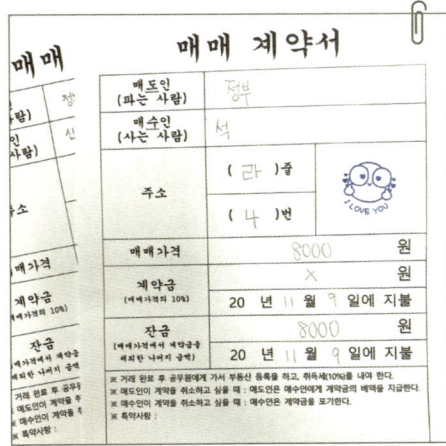

그러면 학생들은 매매 계약서를 들고 은행에 방문하여 대출을 합니다.

부동산 관리원이 모든 학생과 매매 계약서를 작성한 후에는 부동산 판매 대금을 납부한 학생들을 확인하여 부동산 등기 장부에 기록합니다. 기록이 완료되면 부동산 소유권이 정부에서 학생으로 완벽하게 넘어갑니다.

부동산 등기 장부를 보면 '다-3'은 다른 자리와 달리 소유자가 정부임을 확인할 수 있습니다. 이것은 앞서 설명해 드린 것처럼 미분양된 자리입니다.

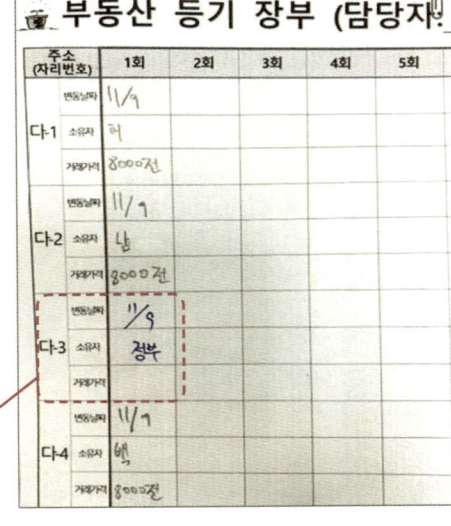

① 이 자리 찜! 내가 살래요 189

한 가지 더 팁을 드리자면 학기 말에 부동산 단계를 시작하는 것을 추천드립니다.

학생들은 늘 자리를 자유롭게 앉고 싶어 합니다. 하지만 학생들이 원하는 대로 자리를 앉으면 학급 분위기가 어수선해지거나 모둠 활동을 할 때 학습 효과가 현저히 떨어질 수 있습니다. 따라서 학교 수업이 거의 마무리되는 학기 말에 부동산 단계를 시작하면 좋습니다.

 저학년 수업을 진행하신다면?

부동산 분양을 받고, 매매 계약서를 쓰고, 부동산 등기를 기록하는 활동은 저학년 학생들에게 어려울 수 있습니다. 저학년 학생들은 '자유 좌석권(자리 마음대로 앉기 혜택권)'을 이용하여 부동산 활동을 하면 좋습니다. 자리마다 주소를 만들어 학생들에게 안내하고, 교실 화폐로 자유 좌석권을 산 사람에게 정해진 기간 동안 원하는 자리에 앉을 수 있는 권리를 주는 것입니다. 물론 경쟁이 생기면 추첨을 하고, 현재 그 자리에 앉은 사람이 누구인지 알 수 있도록 부동산 현황판을 만들어 전시해도 좋습니다.

사실 이 방법은 학생들에게 자신의 부동산을 자유롭게 사고팔 수 있는 권리까지 포함한 소유권을 넘겨 주는 것은 아닙니다. 엄밀히 말하면 이용권을 판매하는 것인데요. 이렇게 이용권을 거래하는 활동을 통해서도 부동산을 경험할 수 있다고 생각합니다.

활동 5 **후기 남기기** [선택]

경제·금융교실의 모든 활동이 다 그렇지만, 특히 부동산 단계에서 학생들에게 후기를 남기도록 하면 생생한 소감을 확인할 수 있습니다.

어른들에게 부동산에 대해 간접적으로 듣고 경험하는 것이 많아서인지, 학생들도 부동산을 소유하게 된 일에 아주 큰 감회를 느끼곤 합니다.

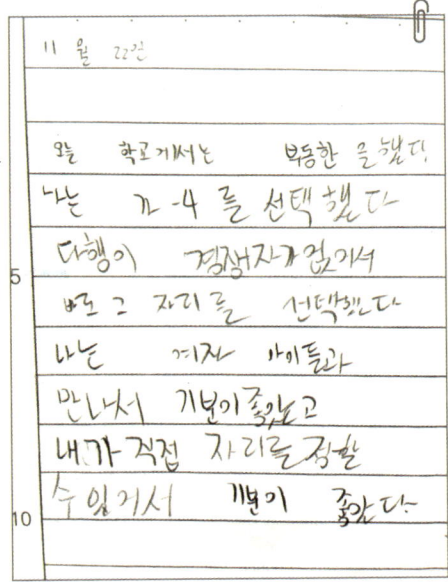
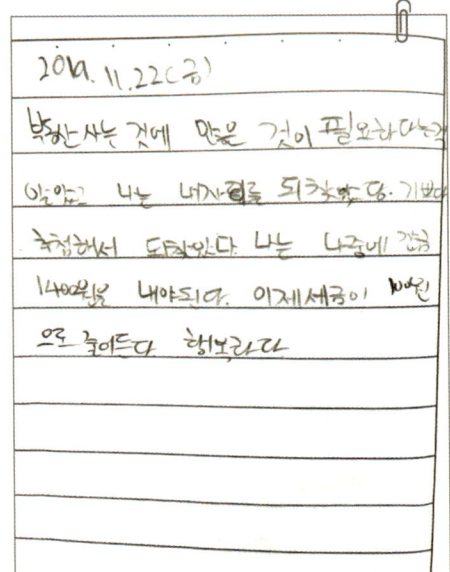

이 수업이 더 궁금하시다면?
달구쌤 영상 보러 가기 ▶

❷ 그 자리, 나한테 팔지 않을래?

활동 1 부동산 거래 게시판 마련하기

활동 2 부동산 거래하기

활동 3 부동산 가치 차이 알아보기 [선택]

활동 4 부동산 등기하기

활동 5 부동산 현황판 만들기 [선택]

*이야기 네고 왕, 준우!

　부동산 단계가 시작되면서 이제 학생들에게 '부동산 소유권'이 넘어갔습니다. 학생들은 자신의 부동산을 마음대로 사고팔 수 있고, 당연히 자유롭게 자리를 이동할 수도 있습니다.
　그동안 교사의 고유 권한이라고 여겼던 자리 배치의 권한이 학생들에게 넘어가면서, 선생님께서도 우려하는 점이 많으실 것입니다. 앞서 말씀드린 것처럼, 저는 학기가 마무리되기 한 달 전(학기 말) 정도에 부동산 단계를 시작하시는 것을 권장합니다.
　하지만 더 빨리 학생들에게 자리에 대한 자율권을 주고, 그에 따라 발생하는 문제를 함께 해결해 보고 싶으시다면 더 일찍 부동산 단계에 도전해 볼 만하다고 생각합니다.

활동1 부동산 거래 게시판 마련하기

부동산 거래를 하려면 우선 거래 게시판을 하나 마련해야 합니다. 일종의 학급 내 작은 시장이 생기는 것이지요.

부동산을 팔고 싶은 학생은 게시판에 자신이 원하는 가격과 부동산 주소를 기록합니다. 다른 학생들은 게시판에 기록된 정보를 보고, 자신이 생각하는 조건과 맞으면 거래를 진행합니다.

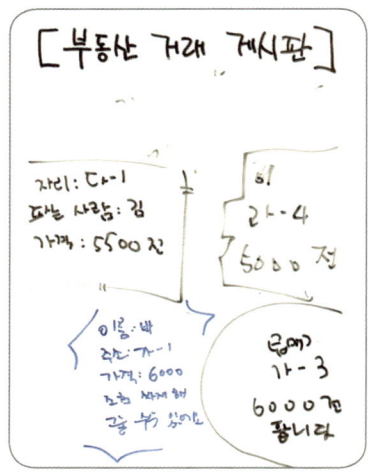

희망 가격, 주소와 같은 단순한 정보뿐만 아니라 '조금 싸게 해 줄 수 있어요.'와 같은 광고성 멘트도 함께 적을 수 있습니다. 학생들은 다른 부동산과 가격도 비교해 볼 수 있습니다.

학생들은 이 활동을 통해서 경제 활동의 기본 개념인 자유와 경쟁을 체험할 수 있습니다.

> **달구쌤 Tip**
>
> 부동산 게시판에 특별한 양식을 두지는 않습니다. 게시판에 글을 쓸 때 부동산 판매자명, 주소, 판매 가격을 다른 글과 구분할 수 있게 적으라고 안내하고, 그 외에는 학생들의 자율에 맡깁니다.
> 처음에는 학생들이 교사가 안내한 대로만 글을 쓰지만, 시간이 지나면서 다른 친구들의 이목을 끄는 문구를 적는 학생이 하나둘 생기기도 합니다. 따로 집에서 글을 프린트하여 게시판에 붙이는 학생도 있었답니다.

활동 2 부동산 거래하기

부동산 거래 게시판을 통해 부동산 매도인(파는 사람)과 매수인(사는 사람)이 만나게 되면, 부동산 매매 계약서를 작성합니다. 부동산 분양을 할 때는 매도인이 '정부'였는데, 이번에는 '부동산을 파는 학생'이 매도인이 되는 것입니다. 매수인과 매도인이 서로의 조건을 한 번 더 확인한 후에 부동산을 거래하면 됩니다.

매수인은 돈이 모자라면 은행 대출을 이용하여 부동산을 구입할 수 있습니다. 하지만 계약 후 은행에서 돈을 대출하고 매도인에게 잔금을 납부하기까지 시간이 걸리기 때문에 '계약금 제도'를 만들었습니다.

달구쌤: 부동산을 구입할 때는 보통 돈을 한 번에 다 지불하지 않고, 계약서를 작성한 후에 은행 대출 등을 이용해서 시간이 지난 다음에 돈을 갚는 경우가 많아요. 그런데 이런 경우, 계약서를 쓴 후에 집주인이 다른 사람에게 집을 팔거나, 집을 사기로 한 사람이 갑자기 사지 않겠다고 할 수도 있어요. 그러면 상대편이 손해를 입겠죠?

학생: 아, 서로를 배신하지 않으려고 계약금 제도를 만든 것인가요?

달구쌤: 배신이라고 할 수도 있지만 조금 어려운 말로는 '계약 파기'라고 해요. 보통 집주인이 계약 파기를 하면 계약금의 2배를 매수인에게 돌려줘야 하고, 매수인이 계약 파기를 하면 집주인이 계약금을 갖게 돼요.

학생: 마음이 바뀔 수도 있는데, 돈을 너무 많이 물어 내야 하는 것 아닌가요?

달구쌤: 집이라는 것은 워낙 중요하고, 거래가 아주 복잡하게 얽혀 있어요. 따라서 한 사람의 변심 때문에 다른 사람이 큰 피해를 입을 수도 있어요. 그러니 집을 사고팔 때는 아주 신중해야 하는 거예요.

활동 3 부동산 가치 차이 알아보기 [선택]

실제 학급에서는 부동산 거래가 잘 일어나지는 않습니다. 대부분의 학생이 자신이 지금 앉아 있는 자리가 가치가 높다고 생각하고, 다른 사람이 앉은 자리는 가치가 더 낮다고 생각하기 때문입니다. 그럴 때 학생들과 다른 친구들은 자신의 자리를 어느 정도로 가치가 있다고 평가하는지 알아보는 활동을 하면 도움이 됩니다.

'부동산 가치 차이 알아보기'는 부동산 주인이 생각하는 부동산의 가치와 다른 사람이 생각하는 부동산의 가치 차이를 알아보기 위한 활동으로, 행동 경제학의 '소유 효과'와 관련이 있는데요. 활동 방법은 다음과 같습니다.

<활동 방법>
① 자기가 앉고 싶은 자리를 다섯 군데 고른다.
② 현재 자신의 자리와 ①에서 고른 다섯 군데 자리의 부동산 가치를 각각 적는다.
③ 부동산 배치표에 주인이 생각하는 부동산의 가치(빨간 글씨)와 다른 친구들이 생각하는 부동산의 가치(검은 글씨)를 기록한다.
④ 누가 더 가치를 높게 주는지 살펴보고, 그 이유도 생각해 본다.

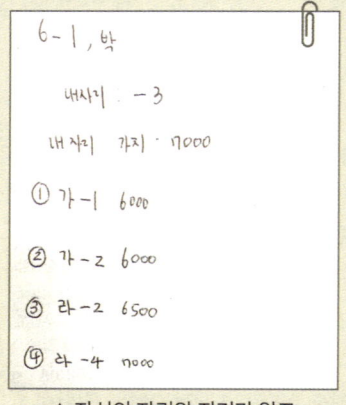

▲ 자신의 자리와 자기가 앉고 싶은 자리의 가치 매기기

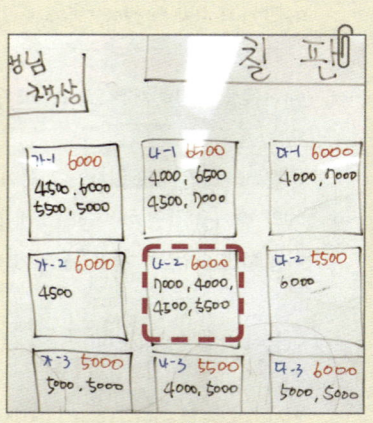

▲ 부동산 배치표

달구쌤		'나-2' 자리를 볼까요? 총 5명의 학생들이 가치를 적어 주었네요. 주인은 다른 친구들과 비교해서 가치를 높게 생각하나요, 낮게 생각하나요?
학생		높게 생각합니다.
달구쌤		다른 자리는 어떤가요?
학생		다른 자리도 주인이 가치를 더 높게 생각합니다.
달구쌤		그 이유는 무엇일까요?
학생		자기 자리가 소중해서, 또 자리를 더 높은 가격에 팔고 싶어서 그런 것 같아요.

활동 4 부동산 등기하기

부동산을 분양할 때도 설명했던 것처럼, 부동산 소유권을 이전하려면 반드시 등기를 해야 합니다. 학생들은 매매 계약서를 쓰고 잔금을 모두 지급한 다음, 부동산 관리원에게 매매 계약서를 보여 주고 거래가 완료되었음을 알립니다.

그러면 부동산 관리원은 부동산 등기 장부에 주인이 변동되었음을 기록하고, 이로써 부동산 소유권이 이전됩니다.

달구쌤 TIP

간혹 부동산 등기를 귀찮게 여기는 학생들이 왜 등기가 필요한지 의문을 품기도 합니다. 이럴 때는 부동산의 소유권과 등기의 필요성을 설명해 주세요. 일반 재화는 그 물건을 들고 다니고 사용하는 사람이 주인이 되지만, 부동산은 소지 및 이동이 불가능합니다. 그래서 누가 주인인지 꼭 기록해 두어야 하죠.

활동 5 부동산 현황판 만들기 〔선택〕

현재 부동산 시세를 한눈에 알아보기 위해 부동산 현황판을 만들 수도 있습니다. 마치 우리 반 지도를 그리듯 종이에 책상 자리를 그리고, 각 자리마다 주인(본인이 직접 자기 자리에 앉아 있을 때) 혹은 임차인의 이름과 매매가 혹은 임대가를 기록해 둡니다. 학생들은 부동산 현황판에 기록된 가격을 보고 부동산 시장 가격을 가늠해 볼 수 있고, 자신이 이사 가고 싶은 자리의 가격을 목표로 돈을 모을 수도 있습니다.

선생님 혼자 부동산 현황판을 만드시는 것보다, 새로운 직업을 만들어 과제를 주면 좋습니다. 저는 부동산 현황판 제작에 관심 있는 학생 4명을 모아 단기 아르바이트를 하도록 했습니다. 그 학생들에게 일주일 치 직업 임금과 동일한 임금을 주고 부동산 현황판을 손쉽게 제작할 수 있었습니다.

달구쌤 Tip

부동산 소유권이 학생들에게 넘어갈 때 선생님들께서 가장 우려하시는 점 중 하나가 바로 모둠 활동 시 모둠 구성입니다.

교사에게 부동산 소유권이 있을 때는 모둠 활동을 가장 효과적으로 할 수 있도록 이질적인 집단으로 모둠을 구성합니다. 하지만 소유권이 학생들에게 넘어간 다음에는 교사 마음대로 모둠을 구성할 수 없어 답답해집니다. 따라서 저는 규칙을 하나 만들어 학생들에게 동의를 얻었습니다. 모둠 활동을 할 때만큼은 학생들이 제가 짜 놓은 구성에 따라 앉도록 하는 것입니다. 사실 하루에 모둠 활동을 하는 시간이 1시간이 채 되지 않는 경우가 많습니다. 따라서 모둠 활동 시 자리를 이동하는 시간이 그리 많이 걸리지 않습니다.

 저학년 수업을 진행하신다면?

부동산을 분양하는 활동에서 저학년을 위한 자유 좌석권을 소개해 드렸습니다. 자유 좌석권과 같이 학생들이 자신의 자리를 선택할 수 있는 권한을 주는 방법 외에도, 다른 방법으로 부동산 활동을 할 수 있습니다.

평소처럼 담임 선생님이 구성한 대로 자리에 앉더라도, 학생들과 부동산 임대 계약서를 작성해 볼 수 있습니다. 부동산 주소를 만들고, 선생님(혹은 정부)과 학생이 주체가 되어 임대 계약서를 작성해 보는 것입니다. 이때 임대료는 이미 학생들이 세금과 함께 정부에 지급하는 금액 정도로 정합니다.

자리가 달라지지는 않더라도 임대 계약서를 써 보는 것만으로도 학생들은 마치 어른이 되어 부동산 거래를 하는 듯한 느낌을 받고, 부동산 거래의 중요한 절차 중 하나를 배울 수 있습니다.

이 수업이 더 궁금하시다면?
달구쌤 영상 보러 가기▶

네고 왕, 준우!

우리 반 준우는 지우 소유의 자리를 임대해서 지내고 있습니다. 처음엔 임대료가 200캔밖에 되지 않아 부담이 없었지만, 임대료가 계속 올라 이제는 매주 400캔씩 내야 하는 입장이 되고 말았습니다. 임대료가 부담스러웠던 준우는 지우에게 자리를 구매하기로 했습니다.

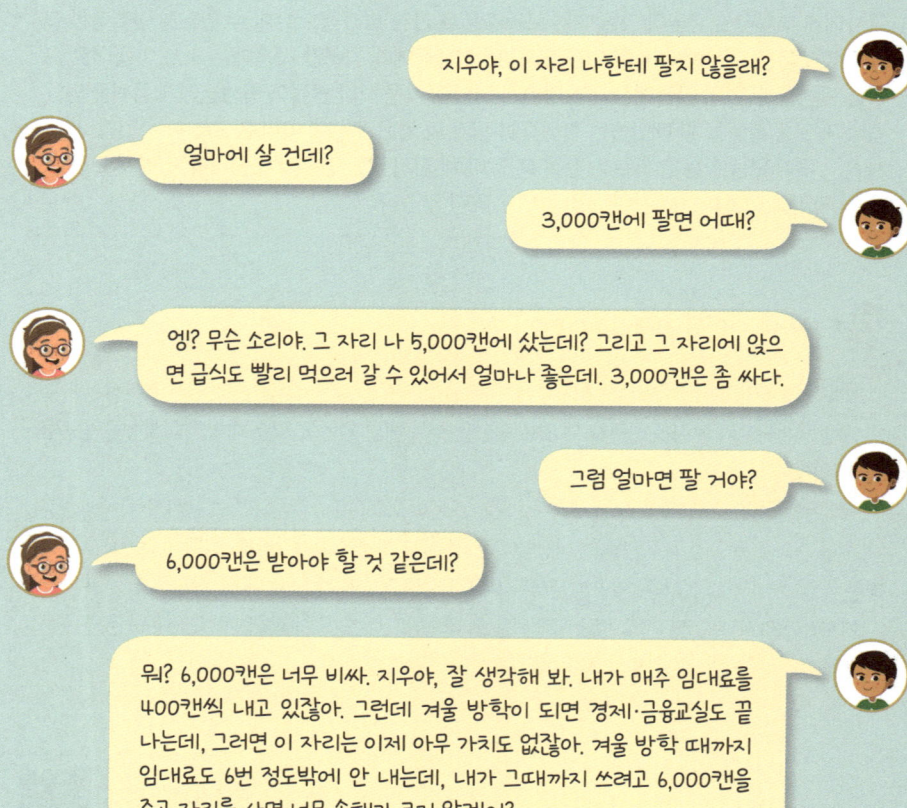

지우야, 이 자리 나한테 팔지 않을래?

얼마에 살 건데?

3,000캔에 팔면 어때?

엥? 무슨 소리야. 그 자리 나 5,000캔에 샀는데? 그리고 그 자리에 앉으면 급식도 빨리 먹으러 갈 수 있어서 얼마나 좋은데. 3,000캔은 좀 싸다.

그럼 얼마면 팔 거야?

6,000캔은 받아야 할 것 같은데?

뭐? 6,000캔은 너무 비싸. 지우야, 잘 생각해 봐. 내가 매주 임대료를 400캔씩 내고 있잖아. 그런데 겨울 방학이 되면 경제·금융교실도 끝나는데, 그러면 이 자리는 이제 아무 가치도 없잖아. 겨울 방학 때까지 임대료도 6번 정도밖에 안 내는데, 내가 그때까지 쓰려고 6,000캔을 주고 자리를 사면 너무 손해가 크지 않겠어?

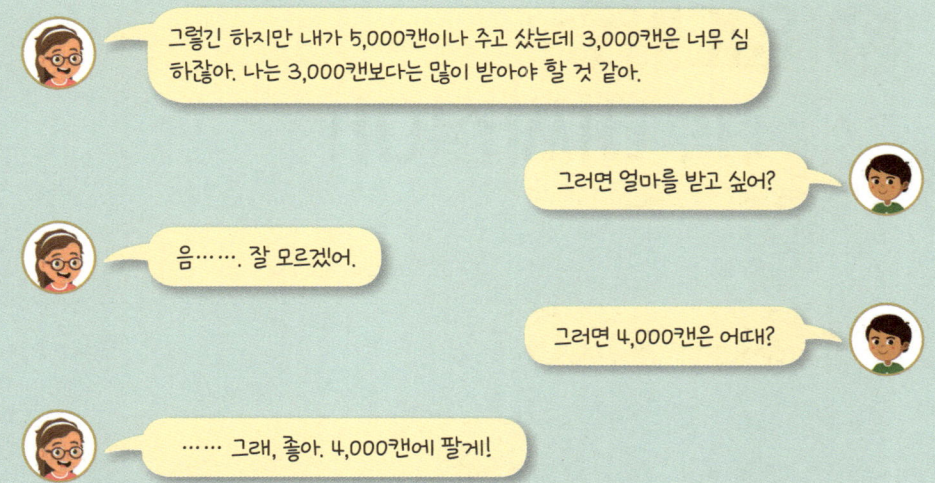

    5,000캔에 자리를 분양받은 지우 입장에서 4,000캔에 자리를 파는 것은 큰 손해입니다. 하지만 준우가 겨울 방학까지 얼마 남지 않은 기간을 잘 설명하면서 지우를 설득해 자리를 싸게 구입할 수 있었는데요. 그래서인지 지우는 거래가 완료된 다음 조금은 후회하는 반응도 보였습니다.

    경제 활동을 하다 보면 타인을 설득하는 역량이 필요할 때가 있습니다. 이번 경험이 준우와 지우에게 그러한 역량을 키우는 기회가 되었다고 생각합니다.

③ 임대료가 너무 비싸잖아!

활동1 부동산 임대차 계약서 작성하기

활동2 임대료 협상하기

*이야기 욜로족, 소영이의 눈물

　모든 사람이 자기 집을 소유하고 있다면 좋겠지만 현실은 그렇지 않습니다. 부동산의 가격이 비싸 모든 사람이 집을 구입하기가 힘들지만, 당장 쉴 수 있는 공간은 필요합니다. 따라서 집이 없는 사람들은 다른 사람이 소유한 집을 빌릴 수밖에 없습니다.

　실제 부동산을 매매하는 과정은 매우 까다롭습니다. 매매만큼은 아니지만, '임대' 역시 부동산 중개업소를 방문하고, 임대할 집을 방문하여 확인한 다음 임대차 계약서를 작성하는 등 복잡한 절차를 거쳐야 합니다. 어른이 되기 전까지 아이들이 부동산 거래 과정을 배울 만한 기회는 거의 없습니다. 부동산은 자칫 잘못된 선택을 하게 되면 금전적 손실을 크게 입을 뿐만 아니라 심리적으로 힘든 상황이 올 수도 있습니다. 따라서 안전한 교실에서 선생님과 함께 부동산 거래를 해 보는 경험을 갖는 것은 아이들에게 큰 도움이 될 것입니다.

활동 1 부동산 임대차 계약서 작성하기

앞서 소개해 드렸던 '부동산 거래 게시판'은 부동산 임대를 위해서도 사용할 수 있습니다.

현재 자기가 앉은 자리 이외에 다른 자리를 소유하고 있는 학생은 임대인이 되어 누군가에게 그 자리를 빌려주기 위해 '부동산 거래 게시판'에 정보를 기록할 수 있습니다. 그리고 본인 소유의 자리가 없는 학생은 임차인이 되어 임대인의 정보를 보고 자리를 빌릴 수 있습니다.

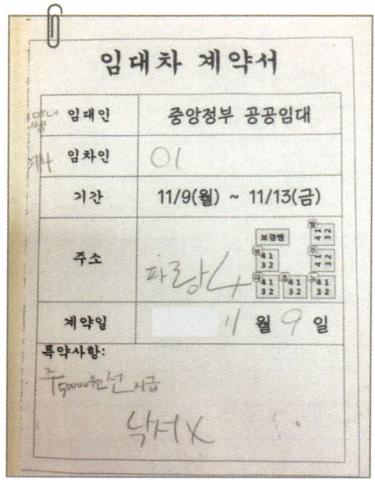

이렇게 임대인과 임차인이 서로 거래할 상대를 찾은 다음에는 부동산 매매 계약서처럼 부동산 임대차 계약서를 작성합니다. 임대차 계약서에는 임대인과 임차인, 기간, 주소(자리 위치), 계약일 등을 적습니다.

빌린 자리가 훼손되는 문제를 방지하려면 특약 사항에 책상에 낙서하지 않기, 주변에 쓰레기 버리지 않기 등의 유의 사항들을 적어 두는 것이 좋습니다.

 저학년 수업을 진행하신다면?

저학년 학생들은 부동산 임대의 개념을 이해하기 어렵기 때문에, 정부(선생님)와 임대차 계약서를 한 번 써 보는 정도의 활동을 진행하는 것이 적당합니다.

학생들은 지금까지 매주 정부에 세금처럼 임대료를 내고 있었지만, 임대차 계약서는 따로 쓰지 않습니다. 따라서 실제 사회에서 타인의 부동산을 빌리기 위해서 어떻게 해야 하는지 간단히 소개하고 정부와 임대차 계약서를 작성해 보면 좋습니다. 조금 더 욕심을 내 본다면, 부동산 관리원 직업을 만들어 임대차 계약서를 쓴 이후에는 부동산 관리원에게 임대료를 납부하도록 할 수 있습니다.

활동 2 임대료 협상하기

부동산 매매와 달리, 임대는 일정 기간이 지날 때마다 임대차 계약서를 다시 쓰고 임차인과 임대인 사이에 임대료를 협상해야 합니다.

이때 임차인은 기존 임대료를 그대로 유지하거나 더 낮게 계약을 하고 싶어 하고, 임대인은 임대료를 더 높게 받고 싶어 하는 욕구가 생기곤 합니다.

따라서 학생들이 임대료를 협상할 때 선생님의 관심과 지도가 필요합니다. 학생들이 처음 임대차 계약서를 쓸 때 선생님이 안내하는 내용은 일종의 가이드 라인이 되어 이후 임대료 협상을 할 때에도 많은 영향을 미칩니다.

학생: 선생님, 자리가 없는 사람은 바닥에 앉아서 공부하나요?

달구쌤: 아뇨. 자리를 사지 못한 사람도 앉아서 공부해야 합니다.

학생: 그런데 남는 자리가 없는데요?

달구쌤: 그래서 다른 사람의 자리를 빌려서 앉을 거예요. 그것을 어른들은 '임대'라고 부르는데, 일정한 돈을 주고 약속된 기간 동안 부동산을 빌리는 것을 말합니다.

학생: 임대료로 얼마나 내야 하나요?

달구쌤: 임대료는 자리를 빌려주는 사람이랑 빌리는 사람이 서로 협상해서 정하면 돼요. 그런데 자리를 빌려주는 친구는 임대료를 더 많이 받길 원하고, 자리를 빌리는 친구는 임대료를 더 적게 내기를 원하겠죠? 따라서 원래 정부에 내던 임대료에서 너무 많이 올리거나 내리지 말고, 서로 조금씩 양보하면서 정할 수 있도록 합니다.

행동 경제학에 '닻 내림 효과'라는 것이 있습니다.

고전 경제학은 인간을 굉장히 합리적인 존재로 가정하고 있지만, 행동 경제학은 그렇지 않습니다. '닻 내림 효과'는 이런 행동 경제학의 믿음을 뒷받침해 주는 개념인데요. 배가 닻을 내리면 닻과 배를 연결한 밧줄의 범위 내에서만 움직일 수 있는 것처럼, 처음에 제시되는 숫자나 사물이 일종의 선입견으로 작용하여 판단에 영향을 미치는 것을 말합니다. 즉 어떤 물건에 대한 가치를 평가할 때, 그 물건의 진짜 가치보다는 처음 제시된 기준이 아주 큰 영향을 미치는 현상을 일컫습니다.

이 개념을 부동산 활동에 적용해 보면, 학생들이 부동산 임대료를 책정할 때 처음에 정한 임대료가 그 뒤에 변화될 임대료에 가장 큰 영향을 미친다는 것을 알 수 있습니다.

초기 임대료가 높게 책정되면 이후에도 계속 높아질 가능성이 높고, 반대로 낮게 책정되면 이후에도 임대료가 안정적으로 낮게 유지될 가능성이 높은 것입니다. 따라서 부동산 임대 활동을 하는 초반에는 학생들의 협상을 유심히 관찰하고, 학생들의 의욕을 꺾지 않는 수준에서 적절한 이유를 들어 임대료에 대해 안내하는 것이 좋습니다.

> **달구쌤 TIP**
>
> 임대료에 대해 안내할 때 금액뿐만 아니라 임대 기간에 대해서도 설명해 줍니다.
> 임대 기간이 짧으면 협상을 자주 해야 한다는 단점뿐만 아니라, 자리를 빌려주는 학생이 임대료 인상에 대한 유혹을 자주 느낄 수 있다는 단점이 있습니다. 따라서 임대 기간을 되도록 길게 설정하도록 하는 것이 좋습니다.
> 저희 반은 최소 기간을 2주로 정하고, 그 이상은 임대 학생과 임차 학생이 서로 협의하여 정하기로 했습니다. 실제 학생들이 협상을 할 때는 주거 안정성 등을 생각하여 임대 기간을 되도록 길게(예: 1달) 정하도록 안내하고 있습니다.

이 수업이 더 궁금하시다면?
달구쌤 영상 보러 가기▶

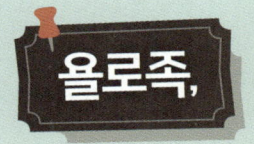

욜로족, 소영이의 눈물

부동산 임대료와 관련하여 교실에서 벌어진 재미있는 사례를 하나 들려드릴게요.

소영이는 경제·금융교실을 무척이나 잘 즐겼던 학생입니다. 기본임금과 직업 임금을 받고 있어 세금을 제하고 난 나머지 돈으로 학급 가게에서 과자도 사 먹고, 각종 혜택권도 소비하며 즐겁게 학교생활을 하고 있었습니다.

심지어 친구를 아르바이트생으로 고용하여 친구에게 자신의 사물함 청소와 정리를 시키기도 했지요. 소영이는 돈 쓰는 즐거움에 푹 빠져 있었습니다.

 소영이는 돈 안 모을 거야?

 네, 굳이 안 모아도 돼요. 저는 지금 정말 행복하게 돈을 쓰면서 학교생활을 잘하고 있어요.

 그래도 미래를 위해서는 돈을 조금씩이라도 모아 둬야 하지 않을까? 조금 있으면 부동산 활동도 시작하는 데 말이야.

 괜찮아요. 저는 부동산 없어도 돼요.

소영이는 너무나 행복하게 교실 화폐를 쓰며 학교생활을 만끽하고 있었기 때문에 담임 선생님의 조언이 소용없었습니다. 그런데 부동산 단계가 시작되면서 소영이가 누리는 삶의 질이 급격하게 떨어지기 시작했습니다. 소영이에게 자리를 빌려준 친구 정우가 새로 자리를 계약할 때마다 임대료를 크게 올렸기 때문입니다.

또 임대료를 이렇게 많이 올리면 어떡해?

 왜? 내 자리니까 내 마음이지. 내가 부동산을 사려고 얼마나 열심히 돈을 모았는데!

 그래도 한꺼번에 이렇게 많이 올리면 안 되지!

정우가 임대료를 올리자 다른 친구들도 임대료를 올리기 시작했습니다. 자리를 구입하지 않은 친구들은 높은 임대료를 충당하기가 힘들어졌습니다. 심지어 어떤 학생들은 아르바이트를 하면서까지 돈을 모아야 겨우 임대료를 낼 수 있었습니다. 임차 학생들의 불만은 폭발했고, 결국 문제를 해결하기 위해 학급 회의를 개최했습니다.

임차 학생: 자리 주인인 친구들이 임대료를 너무 많이 올려서 힘들어하는 친구들이 너무 많습니다. 고통받는 친구들을 위해서 임대인이 높은 임대료를 요구하지 못하게 해야 한다고 생각합니다.

임대 학생: 분명히 그 친구들도 자리를 살 기회가 있었는데, 다른 것에 돈을 쓰느라 자리를 사지 못한 것입니다. 저는 그 친구들이 맛있는 과자를 사 먹고 혜택권을 살 때 열심히 돈을 모아서 자리를 샀습니다. 그렇게 힘들게 돈을 모아서 자리를 샀는데, 임대료도 마음대로 올리지 못하는 것은 억울합니다.

현실 세계에서는 각자가 가진 돈의 출발점이 다르지만, 교실에서는 같습니다. 그래서 빈부 격차와 같은 문제를 해결하기 위해 토론을 할 때면, 다른 친구들이 돈을 쓸 때 열심히 돈을 모은 학생들은 규제를 만드는 것에 반대하는 경우가 많습니다.

또 세 분류로 학생들의 의견이 갈리는 일이 많은데요. 자리를 많이 소유한 학생들, 자리를 하나만 소유한 학생들, 자리를 소유하지 않은 학생들로 나뉘어, 의견을 하나로 모으기가 쉽지 않았습니다.

임대료 문제를 어떻게 해결해야 할까요?

저는 임대료를 어느 정도 이상 올리지 못하게 규제를 만들어야 한다고 생각합니다. 임대료를 계속 높이면 임대료를 감당하지 못하는 학생들은 점점 더 힘들어지고 불행해질 것입니다.

저는 규제를 만드는 것에 반대합니다. 자리마다 가격이 다 다른데 임대료를 똑같이 정하면 비싼 자리를 산 친구들이 억울할 것입니다.

저도 모든 자리의 임대료를 똑같이 정하기보다는, 친구들이 좋아하는 자리는 임대료 상한을 높게 잡고 인기가 없는 자리는 낮게 잡아야 한다고 생각합니다.

열띤 학급 회의 끝에 간발의 차이로 차등적 임대료 상한제(위치에 따라 임대료 상한선을 따로 두는 것)를 만들어 시행하기로 했습니다. 모두를 100% 만족시킬 수는 없었지만, 그래도 서로 조금씩 양보하고 타협할 수 있는 의견이 통과된 것입니다.

❚ 자리에 따른 차등적 임대료 상한제

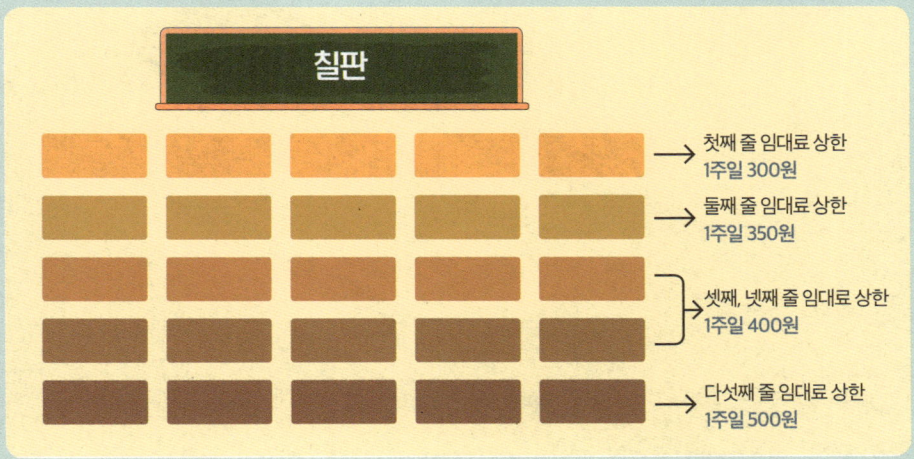

PART 5

 기부

① 우리 반을 위한 특별 기금을 모아요!
② 아름다운 마무리, 함께 기부해요

 돈
 금융 제도
 사업
 부동산

1 우리 반을 위한 **특별 기금**을 모아요!

활동1 특별 기금이 뭐예요? [선택]

활동2 학급 특별 기금, 어떻게 사용할까요? [선택]

활동3 특별 기금 마련하기

*이야기 돈 모아서 자유 체육 시간권 사자!

교실 화폐로 기부를 할 수 있을까요? 네, 가능합니다!

물론 교실 화폐가 실제 화폐였다면 기부처에 기부금을 보내면서 쉽게 기부할 수 있지만, 우리 교실 화폐는 교실 외 공간에서는 쓸 수 없으므로 색다른 기부 아이디어가 필요합니다.

첫 번째는 특별 기금을 모으는 것이고, 두 번째는 교실 화폐를 실제 화폐로 환전하여 기부하는 방법인데요. 두 아이디어 중 먼저 **'특별 기금 모으기'**에 대해 자세히 설명해 드릴게요.

우리 반만을 위한 특별 기금! 어떻게 모으고, 어떻게 사용할 수 있을까요?

❶ 우리 반을 위한 특별 기금을 모아요!

활동1 특별 기금이 뭐예요? [선택]

정부는 국민들의 세금으로 나라 살림을 합니다. 국민들의 신뢰를 높이려면 세금을 투명하게 사용하는 것이 무엇보다도 중요한데요. 그러다 보니 정부는 세금에 대한 수입(세입)과 지출(세출) 예산을 철저하게 통제하려고 노력합니다. 하지만 통제만으로 국민들의 다양한 행정 요구를 반영하고 나라 살림을 유연하게 운영하기가 쉽지 않으므로 목적에 맞는 기금을 마련하여 운영하곤 합니다.

학생들에게는 예와 함께 기금 또는 특별 기금을 자세히 설명해 줍니다.

달구쌤: 여러분, 우리 반에 '특별 기금'을 만들려고 해요.

학생: 선생님, 특별 기금이 뭐예요?

달구쌤: 사회 시간에 배웠듯이, 정부나 지방 자치 단체는 국민들의 세금으로 나라 살림을 운영합니다. 그런데 특별한 목적이 생길 때는 따로 돈을 마련하여 국민들을 위해 사용하기도 하는데요. 이렇게 마련한 돈을 '특별 기금'이라고 합니다.

학생: 예를 들면 어떤 것들이 있나요?

달구쌤: 일자리를 잃은 국민이 다른 직장을 구할 때까지 돕는 '고용보험기금', 과학자를 육성하고 과학 기술 발전을 돕기 위한 '과학기술진흥기금', 농산물 가격 유지로 국민들의 살림살이를 편하게 하는 '농산물안정기금', 다양한 영화가 만들어질 수 있게 제작비를 지원하는 '영화발전기금' 등이 있어요. 우리 반도 이러한 특별 기금을 만들어서 우리 반을 위해 사용하려고 합니다.

학생: 우아, 정말요?

활동 2 학급 특별 기금, 어떻게 사용할까요? [선택]

경제·금융교실을 운영하다 보면 시간이 지날수록 학생 간의 빈부 격차가 커지기도 합니다. 어느 정도 적당한 빈부 격차는 심각한 문제를 일으키지 않으며, 학생들도 크게 거부감을 보이지 않습니다. 하지만 빈부 격차가 심하게 벌어지고 물가(과자 가격, 혜택권 가격, 임대료)가 많이 상승하면 가난한 학생들이 어려움을 겪곤 합니다. 이 문제를 해결하려고 학급 회의를 열면 부유세(일정액 이상의 자산을 보유하고 있는 사람에게 비례적 또는 누진적으로 세금을 내도록 하는 것)를 강화하여 빈부 격차를 줄이자는 의견이 많이 나와 새로운 규칙이 생기기도 합니다.

하지만 조금 더 다양한 대안을 생각해 보자는 의미로, 교사가 특별 기금을 제안하는 것도 좋습니다. 정부가 다양한 분야에서 기금을 사용하듯이 **경제·금융교실에서도 다양한 기금을 특별히 편성하여 사용할 수 있습니다.**

몇 가지 예시를 말씀드리면 다음과 같습니다.

▍소비 지원금 지급

먼저 학급 친구들과 함께 자산의 기준을 정합니다. **정한 기준보다 자산 규모가 낮은 친구에게는 특별 기금으로 소비 지원금을 지급하여 과자 구매나 임대료를 지불할 때 도움을 줄 수 있**  **습니다.** 이때 특정 학생들을 지목하기보다는 정확한 기준선을 정하여 누구든지 그 기준에 미달하면 도와주는 식으로 규칙을 만들면 혜택을 받는 학생들도 기분이 덜 상하겠지요.

학급 운영에 활용

자산이 부족한 학생들의 소비나 임대료를 지원하는 것 외에도 학급의 필요에 따라 특별 기금을 운용할 수 있습니다.

학급을 운영하다 보면 학생들이 체육 시간, 영화 감상 시간, 자유 시간 등을 요구하는 일이 종종 있습니다. 보통은 학급 전체 칭찬 스티커 또는 개별 칭찬 스티커를 몇 개 이상 모으면 보상으로 학생들의 요구를 들어주곤 하는데요. 체육 혜택권, 영화 감상권, 자유 시간권과 같은 혜택권을 스티커가 아닌 특별 기금으로 구매하게 할 수도 있습니다.

▇경제·금융교실 혜택권
영화 관람권
영화 한 편을 볼 수 있습니다.
가격: 5,000캔

▇경제·금융교실 혜택권
단체 파티권
그룹별 단체 파티를 할 수 있습니다.
가격: 3,750캔

> **달구쌤 TIP**
> 학급의 요구에 따라 얼마든지 다양한 특별 기금을 만들 수 있습니다. 과자 파티 같은 이벤트를 열 때도 특별 기금을 만들고, 우리 반 이름으로 학급 가게에서 각종 과자와 물건을 구매하여 운영할 수 있습니다. 중요한 점은 교사나 학생 한두 명의 요구에 따라 기금을 즉흥적으로 운용하지 말고, 반 아이들이 모두 함께 특별 기금을 어떻게 사용하면 좋을지 충분히 이야기하고 공감대를 형성하여 운용해야 한다는 점입니다.

활동 3 특별 기금 마련하기

특별 기금은 기부로 마련하거나 세금으로 마련할 수 있습니다. 기부와 세금을 혼합하여 기금을 마련하는 것도 가능합니다.

▍기부로 마련하기

기부로 특별 기금을 마련할 때는 먼저 기금의 목표 금액을 안내합니다. 예를 들면 영화 감상을 위해 모아야 하는 금액, 자유 시간을 얻기 위해 모아야 하는 금액이 될 수 있겠지요. 물론 자산이 부족한 친구들을 돕기 위한 정확한 목표액을 정하기 어렵지만, 최소한의 목표액이라도 정해 두면 학생들의 기부 동기를 더욱 높일 수 있습니다.

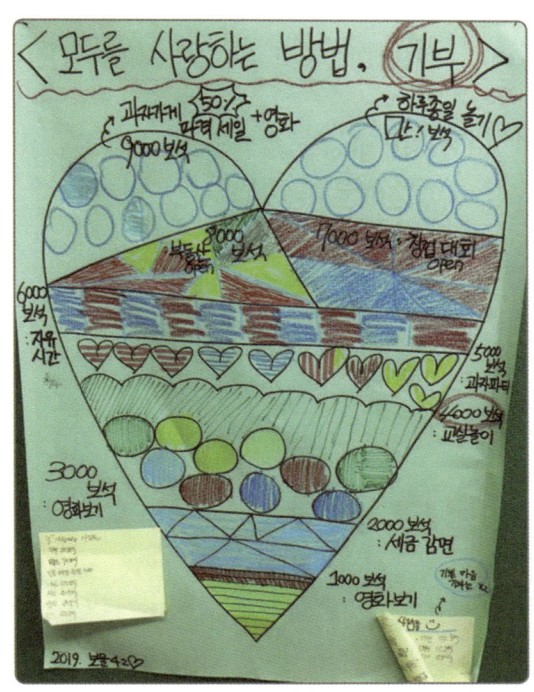

❶ 우리 반을 위한 특별 기금을 모아요!

만약 목표 금액이 많거나, 기금을 장기간 운용해야 한다면 학급 은행에 기금 계좌를 하나 만들면 좋습니다. 필요할 때마다 돈을 빼서 쓸 수 있고, 기록도 확실하게 할 수 있기 때문이지요. 그리고 기금의 본래 취지에 부합하도록 기금별로 계좌를 달리합니다.

계좌에 모든 것이 기록되어 있지만, 학생들의 관심을 계속 유지하고 기부 동기를 더욱 높이고 싶다면 게시판에 기금의 누적 금액을 전시하면 좋습니다. 기부를 많이 한 학생들에게 표창을 하는 것도 좋은 방법입니다.

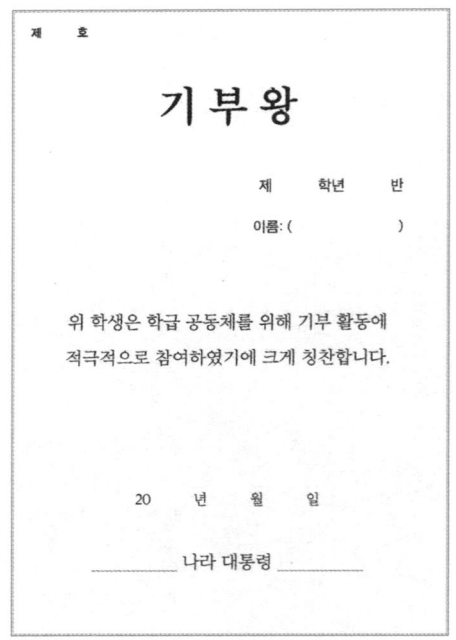

세금으로 마련하기

세금으로 기금을 마련할 때 주의할 점이 있습니다. 바로 기금의 목표 금액을 마련할 때 한꺼번에 세금을 활용하기보다, 매주 일정한 금액씩 세금을 모아서 마련해야 한다는 점입니다. 그 이유는 세금도 하나의 자원이므로 무한정 사용할 수 없고, 나라 살림을 위해서는 유한한 세금을 고루 분배해야 하기 때문입니다.

학생들에게도 세금이 하나의 자원이고, 나라 살림을 위해 사용할 곳이 많기 때문에 너무 많은 세금을 기금에 넣을 수 없다고 설명해 주면, 학생들이 세금의 특성을 더 깊이 있게 이해할 수 있습니다.

세금으로 기금을 마련할 때도 기부와 마찬가지로 학급 은행에 계좌를 따로 만들어 관리하고, 학급 게시판에 누적 금액을 전시하면 좋습니다.

> **달구쌤 Tip**
> 자유 시간이나 영화 감상과 같은 혜택권 구매를 위한 기금을 마련할 때, 가격이 너무 비싸면 학생들의 의욕을 떨어뜨릴 수 있고, 너무 저렴하면 혜택권 구매가 잦아져 학습 진도에 방해가 될 수 있습니다. 따라서 혜택권을 한 번 사용할 때마다 가격을 일정하게 인상하면서 적절한 가격을 찾아가거나, '2주일에 한 번만 사용하기'처럼 제한을 두면 좋습니다.

 저학년 수업을 진행하신다면?

저학년은 교사가 중심이 되어 학생들에게 특별 기금이 왜 필요한지, 어떻게 사용되는지 설명해 주고 모금을 진행하면 좋습니다.

다만 세금으로 특별 기금을 모금하는 것은 저학년 학생들에게는 크게 와닿지 않는 방법입니다. 자신들이 낸 세금으로 특별 기금을 마련했다고 생각하기보다, 기금이 본인과 별개라고 생각하는 경향이 강하기 때문인데요. 세금의 일부분을 학생들이 직접 기금 모금함이나 통장에 넣게 하면 기금에 대한 주인 의식을 좀 더 심어 줄 수 있습니다.

또 기부로 기금을 모금할 때 학생들이 기부를 하지 않으려는 상황도 문제지만, 가진 돈 모두를 한꺼번에 기부하는 상황도 문제일 수 있습니다. 특히 저학년 학생들은 선생님에게 칭찬을 받거나 다른 친구들에게 뽐내고 싶어서 전 재산을 기부하는 일도 종종 있습니다. 이런 상황을 방지하려면 한 번에 기부할 수 있는 금액을 제한하고, 상장을 받을 수 있는 금액을 정해 그 이상을 기부하기만 하면 상장을 주도록 합니다.

이 수업이 더 궁금하시다면?
달구쌤 영상 보러 가기 ▶

❶ 우리 반을 위한 특별 기금을 모아요!

이야기

돈 모아서 자유 체육 시간권 사자!

　교사가 특별히 기금을 만들지 않아도, 또 따로 학급 회의를 거치지 않아도 단체 혜택권이 존재한다는 이유만으로 학생들은 자율적으로 기금을 마련하여 혜택권을 구매하기도 합니다.

　영화 관람권, 단체 파티권과 같은 단체 혜택권은 가격이 워낙 비싸서 학생 한 명이 구매하기가 쉽지 않습니다. 자연스럽게 여러 명의 학생이 힘을 합칠 수밖에 없는데요. 특히 체육 시간이 없고, 연속해서 지루한 공부를 하는 날에는 단체 혜택권을 구매하고 싶은 학생들의 욕구가 강해집니다. 이럴 때면 쉬는 시간에 몇몇 학생들이 나서서 단체 혜택권 구매를 위한 기부에 동참해 달라고 친구들에게 호소하곤 합니다.

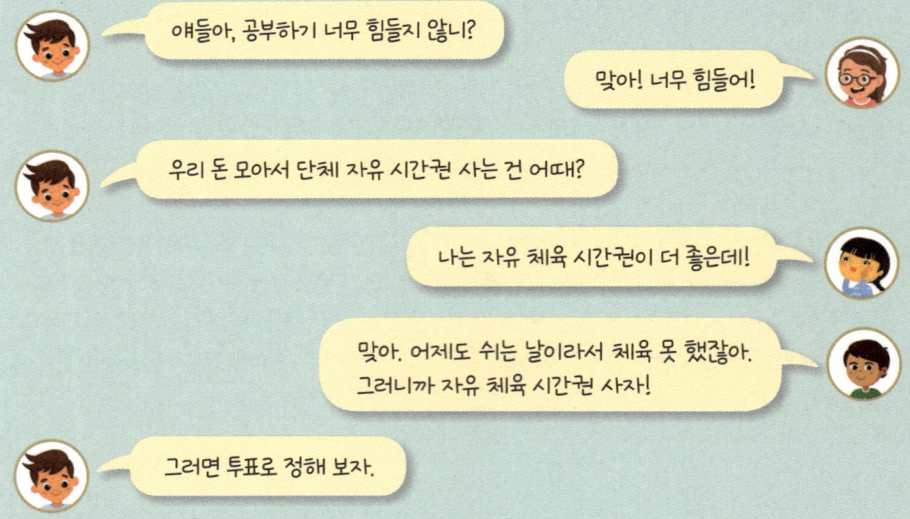

　이렇게 서로 의견이 다르면 비공식 학급 회의를 열어 의견을 하나로 모으고 모금을 합니다. 우리 아이들 정말 대단하죠?

　이렇게 두 번 정도 쉬는 시간이 지나면 기금 마련과 혜택권 구매가 완료됩니다. 힘을 합쳐 기금을 마련하는 아이들이 대견하기도 하지만, 사실 교사 입장에서 갑작스럽게 아이들에게 자유 시간을 줘야 하는 상황이 좋지는 않습니다. 나가야 할 학습 진도가 있고, 수업 계획까지 미리 생각해 두었을 때는 조금 당황스럽기까지 한데요. 따라서 학생들의 욕구를 마냥 들어줄 수만은 없습니다.

　그래서 저는 혜택권을 구매한 쉬는 시간 바로 다음에 있는 수업 시간에는 혜택권을 쓸 수 없다고 학생들에게 못 박아 두었답니다. 학생들도 모두 수긍했고요.

❶ 우리 반을 위한 특별 기금을 모아요!

❷ 아름다운 마무리, 함께 기부해요

활동 1 교실 화폐로 실제 기부하기

활동 2 플리 마켓 열기 〔선택〕

활동 3 추억 경매 활동하기 〔선택〕

*이야기 아이돌 사진보다 비싼 선생님 사진!

어쩔 수 없이, 경제·금융교실에도 마지막이 있습니다. 1년마다 학년이 올라가고 학급도 바뀌기 때문인데요. 자칫 학생들이 너무 빨리 마지막을 생각하게 되면 다음과 같은 일이 일어나곤 합니다.

"얘들아, 어차피 다음 학년 올라가면 돈 쓸 곳도 없으니까 지금부터 돈 펑펑 쓰자!"

"맞아, 맞아! 어차피 학급 바뀌면 돈 필요 없는데, 다 써 버리자. 탕진잼!"

상황이 이렇게 흘러가면 교실 화폐에 대한 학생들의 신뢰가 급격하게 떨어지면서 교실 경제도 흔들릴 가능성이 매우 커집니다. 유종의 미를 거둘 수 있는 방법을 오랫동안 고민한 결과, 몇 가지 대안을 만들었습니다. 그중 한 가지가 바로 교실 화폐를 실제 '기부'로 연결하는 방법입니다. 이 밖에도 두 가지 활동을 추가로 더 소개해 드리겠습니다.

활동 1 교실 화폐로 실제 기부하기

교실 화폐는 학급 내에서만 사용할 수 있으므로 교실 화폐를 외부에 기부할 수는 없습니다. 하지만 표창을 활용하면 실제 기부도 가능한데요. 그 과정은 다음과 같습니다.

▌교실 화폐로 기부를 하는 과정

교실 화폐 기부	학생들이 자신이 가진 교실 화폐를 기부합니다.
기부왕에게 상품권 지급	가장 많이 기부한 학생 10명을 선정하여 '기부왕' 표창과 문화 상품권을 지급합니다.
사이버 머니로 전환	전용 사이트(컬쳐랜드)를 통해 문화 상품권을 사이버 머니로 전환합니다.
네이버페이로 전환	앞에서 전환한 포인트를 네이버페이 포인트로 전환합니다.
해피빈을 통한 기부	네이버 해피빈에 들어가 원하는 기부처를 고르고, 자신의 이름으로 기부를 합니다.

기부왕 시상을 하기 전에 학생들에게 이 과정을 자세히 설명하고, 자신의 이름으로 기부할 수 있다는 점을 강조하여 학생들의 동기를 유발합니다.

달구쌤: 지금까지 여러분이 모은 돈을 도움이 필요한 이웃들에게 기부할 거예요.

학생: 선생님, 교실 화폐로 기부를 할 수가 있나요?

달구쌤 : 물론 우리 반에서만 사용하는 교실 화폐를 다른 곳에서 쓸 수는 없어요. 대신 자신이 가진 교실 화폐를 가장 많이 기부하는 학생 10명에게 문화 상품권을 주고, 그 상품권을 사이버 머니로 전환하여 실제 기부를 하려고 합니다.

학생 : 그러면 기부한 만큼 교실 화폐를 실제 돈으로 바꿔 주시는 건가요?

달구쌤 : 그렇게 하면 가장 좋겠지만, 우리 반이 쓰는 교실 화폐를 그대로 실제 화폐로 환전하기는 어려워요. 그래서 문화 상품권 금액만큼만 실제 화폐로 바꾸려고 해요. 기부를 할 수 있을 만큼 교실 화폐가 충분하지 않은 학생이 있을 수도 있는데요. 그래서 기부를 많이 한 학생 10명을 뽑아 기부왕 표창과 문화 상품권을 주고 자기 이름으로 기부할 수 있도록 할 거예요. 지금부터 선생님이 보여 줄 사이트는 '네이버 해피빈'이라는 곳입니다. 여기서 자신이 기부할 곳을 고르고 직접 기부를 해 보도록 할게요.

달구쌤 Tip

문화 상품권은 컬쳐랜드(www.cultureland.co.kr) 사이트에서 사이버 머니(컬쳐캐쉬)로 전환할 수 있습니다. 그리고 컬쳐캐쉬를 네이버페이 포인트로 다시 전환할 수 있는데요. 안타깝게도 네이버페이 포인트로 전환할 때는 6%의 수수료가 부과됩니다. 컬쳐캐쉬 10,000원을 전환하면 네이버페이 포인트로 9,400원을 받을 수 있는 것이죠. 수수료를 고려하여, 선생님들께서 10,000원당 600원에 해당하는 돈을 미리 네이버페이에 충전해 두시면 나중에 만 원 단위로 기부할 수 있어 좋습니다.

 네이버 해피빈 사이트에 들어가면 아동·청소년, 어르신, 장애인, 다문화, 지구촌, 가족·여성, 시민 사회, 동물, 환경 등 도움이 필요한 다양한 분야를 만나 볼 수 있습니다.

 도움의 손길이 필요한 곳이 이렇게 많다니! 해피빈 사이트를 보여 주는 순간부터 학생들은 크게 관심을 보이고, 학생들의 기부하고 싶어 하는 욕구도 커집니다.

달구쌤: 네이버 해피빈 사이트를 함께 살펴볼게요. 어떤 주제에 들어가 볼까요?

학생: 동물이요!

달구쌤: 그래요. 여러분이 요즘 가장 관심이 많은 '동물'에 들어가 볼게요. 보이는 것처럼 버림받은 강아지나 고양이를 위한 기부가 많네요.

학생: 사진 속 강아지랑 고양이가 너무 불쌍해요.

달구쌤: 그렇죠? 우리가 사진에 보이는 동물들을 위해 기부한다면 큰 도움이 될 거예요. 해피빈에는 동물뿐만 아니라 우리의 도움이 필요한 다양한 분야가 있어요. 다 같이 사이트를 둘러보고, 자신이 관심 있는 분야를 생각해 보는 시간을 가질게요.

달구쌤 Tip

관심 있는 주제가 비슷한 학생들끼리 모여 교실 화폐를 모금하고, 일정 금액 이상 모금하면 실제 돈으로 바꾸어 기부하게 하는 방법도 있습니다. 이때에는 조금 더 교육적 의미를 부여하여 학생들이 기부처를 선정한 이유 등을 활동지에 적어 보게 할 수 있습니다.

 저학년 수업을 진행하신다면?

저학년 학생들은 개별적으로 기부하기보다 학급 전체가 함께 기부하는 것을 추천합니다.
먼저 해피빈 사이트에서 다양한 기부처를 함께 알아보고, 어디에 기부하면 좋을지 간단하게 발표하고, 토의 활동을 하면서 기부에 대한 동기를 유발합니다. 그 다음 교실 화폐를 일정 금액 이상 모으는 것을 목표로 정하고 기부를 독려하면 많은 학생들이 적극적으로 기부에 동참합니다. 우리 반 전체 이름으로 기부를 하고 그 결과를 확인하면, 모두가 하나가 되어 무언가를 해결했다는 성취감과 함께 다른 사람을 도와주었다는 뿌듯함도 느끼게 할 수 있습니다.

활동 2 플리 마켓 열기 〔선택〕

앞에서 말씀드린 기부 활동 외에도 프로젝트를 잘 마무리할 수 있는 활동들이 있습니다. 먼저 추천하고 싶은 활동은 '플리 마켓'입니다. 학생들에게 플리 마켓을 잘 설명하고, 플리 마켓에서 학급 정부(교사)가 학생들이 보유한 교실 화폐를 흡수하는 것이 중요합니다.

앞에서도 설명했듯, 몇몇 학생들은 프로젝트가 끝나면 돈이 의미 없어진다는 것을 알고 탕진하려는 모습을 보이기도 합니다. 이러한 학생들의 동요를 막기 위해 플리 마켓을 고지하여 돈을 의미 있게 사용할 기회가 더 있다고 알려 주는 것입니다.

달구쌤: 여러분, 학기 말을 맞아 플리 마켓을 운영하려고 합니다. 플리 마켓은 집에서 사용하지 않는 물건 중 다른 사람들이 충분히 쓸 만한 것들을 골라 아주 적은 돈만 받고 파는 활동이에요.

학생: 실제 돈을 받고 물건을 팔 수 있나요?

달구쌤: 아니요. 우리는 그동안 모아 둔 교실 화폐를 사용할 거예요. 플리 마켓에서 번 수익금을 자선 단체에 기부할 수도 있는데, 우리는 정부에 기부할 거예요. 열심히 소비하고 기부하면서 얼마나 많은 돈을 모을 수 있을지 기대해 봅시다!

플리 마켓은 학생들이 굉장히 재미있어하는 활동입니다. 자신이 가져온 물건의 가격을 직접 정하고, 물건을 팔면서 친구들의 반응을 살펴보고, 또 반응에 따라 물건의 가격을 그때그때 바꿔 보는 과정이 굉장히 역동적이고 흥미롭습니다. 친구에게는 필요 없지만, 자신에게는 값진 물건을 얻게 되어 기뻐하는 학생들도 많답니다.

활동 3 추억 경매 활동하기 [선택]

다음으로 추천하고 싶은 마무리 활동은 '추억 경매 활동'입니다. 1년 동안 학급 활동을 하면서 찍어 둔 사진들을 인화하여 학생들에게 경매로 판매하는 활동입니다.

저는 학교 예산으로 포토 프린터기를 구매하여 사진을 인화하고, 그 사진을 학생들에게 판매했습니다. 이 방법 외에 직접 인터넷으로 인화 업체를 찾아 의뢰하고 택배로 사진을 받는 방법도 있습니다.

사진을 판매하다 보면 우리 반 학생들의 성향을 파악할 수 있는데요. 우리 반 남학생들은 주로 우스꽝스럽거나 친구의 모습이 재미있게 담긴 사진을 구매하려는 경향이 강했습니다. 반면 여학생들은 친구와의 우정이 느껴지거나 선생님과의 추억이 담긴 사진을 구매하곤 했지요.

> **달구쌤 TIP**
> 포토 프린터가 있다면 경매를 하지 않고 학생들에게 친구들과 찍은 사진을 미리 받은 다음, 일정한 금액을 받고 사진을 인화해 줄 수도 있습니다. 선생님이 사진을 받아서 모으고 인화하는 일까지 하기엔 너무 힘이 들 수도 있는데요. 이 일에 관심 있는 학생들에게 역할을 맡겨 보셔도 좋습니다.

우리 반 친구들 사진만으로는 학생들의 소비 욕구를 충분히 만족시키지 못할 수도 있는데요. 이럴 때는 아이들이 좋아하는 연예인 사진을 준비하면 좋습니다.

추억 사진과 연예인 사진을 따로 판매해도 되지만, 추억 사진을 더 많이 팔려면 아이들이 추억 사진을 살 때마다 원하는 연예인 사진을 덤으로 제공해 줄 수도 있습니다.

> **달구쌤 TIP**
> 아이들이 플리 마켓이나 사진 경매로 모인 수익금을 정부가 어떻게 사용할 것인지 물어보곤 합니다. 이런 상황에 대응하는 첫 번째 팁은 학급 가게의 남는 과자를 정부가 모두 구입하고, 학생들에게 골고루 나누어 주는 것입니다. 이렇게 하면 아이들도 좋아하고, 학기 말에 남는 과자도 해결할 수 있습니다. 두 번째 팁은 자유 시간 혜택권을 사서 학생들에게 제공하는 것이고, 세 번째 팁은 앞에서 소개해 드렸던 활동과 같이 교실 화폐를 실제 화폐로 바꾸어 자선 단체에 기부하는 것입니다.

이 수업이 더 궁금하시다면?
달구쌤 영상 보러 가기▶

이야기

아이돌 사진보다 비싼 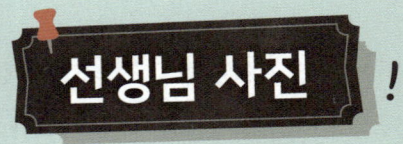 !

추억 경매 활동에선 선생님의 사진을 팔기도 하는데요. 재미있는 일도 많이 일어납니다.

 이번에는 선생님 사진을 경매해 볼게요. 100캔부터 시작해서 50캔씩 올려 보겠습니다.

경매를 계속 진행하다 보니, 제 사진이 2,100캔에 팔리는 사태가 발생했습니다. 아이돌 그룹 사진이 1,500캔에 팔렸는데 말이죠. 모든 여학생들은 선생님 사진을 두고 열심히 가격 경쟁을 한 남학생들을 이해할 수 없다는 반응을 보였습니다. 물론 저 역시도 이렇게 비싼 돈을 주고 제 사진을 낙찰받은 수종이가 이해되지 않았습니다.

 수종아, 선생님 사진을 굳이 이렇게 비싸게 산 이유가 뭐야?

돈도 많이 남았고, 졸업하기 전에 기념으로 갖고 싶어서요.

수종이의 답변을 들으니, 제 사진이 터무니없이 비싼 가격에 낙찰된 것이 이해됐습니다. 우리 반 학생들은 졸업을 앞두고 있어서, 졸업을 하면 교실 화폐의 가치도 사라지게 됩니다. 학생들 입장에선 돈을 아낄 필요가 없는 것이죠.

또 몇몇 학생들은 제 사진이 연예인 사진보다 희소가치가 높다고 판단할 수도 있겠다 싶었습니다. 이렇게 생각이 정리되니, 경제 공부의 좋은 사례인 것 같아 학생들에게 다시 안내해 주었습니다.

여러분, 지난 시간에 수종이가 선생님 사진을 2,100캔에 구매한 일이 아직도 이해가 되지 않는 친구들이 많죠?

네, 맞아요. 아이돌 사진보다 더 비싸다니, 조금 황당했어요.

그런데 곰곰이 생각해 보면 이해되기도 해요. 우선 수종이를 비롯해 여러분 모두가 곧 졸업인데, 졸업하고 나면 여러분이 가지고 있는 돈이 쓸모가 없어지죠? 따라서 그 돈을 졸업하기 전에 다 쓰는 것은 합리적인 선택일 수 있어요. 그리고 연예인 사진은 인터넷에 많지만, 사실 선생님 사진은 졸업하면 구하기가 쉽지 않아요. 그런 의미에서 선생님 사진을 갖고 싶은 몇몇 학생들 입장에서는 선생님 사진이 희소가치가 높은 아이템일 수 있어요.

실제로 희귀한 프라모델이나 NBA 카드를 여러분이 상상하는 것보다 더 비싼 가격에 구매하는 사람들이 있는데요. 그것을 좋아하는 사람들 입장에선 그만큼의 가치가 충분히 있는 물건이기 때문이죠.

아이들은 이해를 했는지 고개를 끄덕였고, 그제서야 선생님 사진이 갖고 싶어서 아쉬워하는 학생들도 있었답니다.

활동지

PART 1_ 돈　　　　　이력서
PART 2_ 금융 제도　　중앙은행 장부, 쑥쑥 저금 통장(저축 장부)
PART 3_ 사업　　　　사업 계획서
PART 4_ 부동산　　　매매 계약서, 임대차 계약서
PART 5_ 기부　　　　기부왕 표창장

※ '초등 비바샘 > 달구쌤의 경제·금융교실'에서 더 다양하고 풍성한 자료를 만나 보실 수 있습니다.

PART 1_돈

이력서

- 이름: _____

- 분야: _____

- 지원 동기, 각오: _____

  _____

  _____

- 경력

기간	한 일

- 임금: _____

이름 _____ (서명)

PART 2_금융 제도

중앙은행 장부 (장부 번호:)

_____학년 _____반 경제·금융교실 중앙은행원: (   )

날짜	내용	금액	비고	날짜	내용	금액	비고
		원				원	
		원				원	
		원				원	
		원				원	
		원				원	
		원				원	
		원				원	
		원				원	
		원				원	
		원				원	
		원				원	
		원				원	
		원				원	
		원				원	
		원				원	
		원				원	
		원				원	
		원				원	

PART 2_금융 제도

쑥쑥 저금 통장(저축 장부)

_____ 학년 _____ 반 경제·금융교실 이름: (   )

개인이 은행에 맡긴 **저금액**						은행이 개인에게 준 **이자**						비고 (담당자 확인)
거래 날짜	만	천	백	십	일	약속 날짜	만	천	백	십	일	
/ ( )						/ ( )						
/ ( )						/ ( )						
/ ( )						/ ( )						
/ ( )						/ ( )						
/ ( )						/ ( )						
/ ( )						/ ( )						
/ ( )						/ ( )						
/ ( )						/ ( )						
/ ( )						/ ( )						
/ ( )						/ ( )						
/ ( )						/ ( )						
/ ( )						/ ( )						
/ ( )						/ ( )						
/ ( )						/ ( )						
/ ( )						/ ( )						
/ ( )						/ ( )						
/ ( )						/ ( )						

PART 3_사업

(   )사업 계획서

- 대표자(사장): _____
- 업체명: _____
- 사업 설명: _____
  _____
  _____
- 투자금: _____
- 사업 지원금: _____
- 직원 고용 계약

성명	직위	임금	기간

대표자 _____ (서명)

PART 4_부동산

매매 계약서

매도인 (파는 사람)	
매수인 (사는 사람)	
주소	(　　　　　　　)분단
	(　　　　　　　)번
매매 가격	
계약일	20 년 월 일

※ 거래 완료 후 공무원에게 가서 부동산 등록을 하세요.
※ 특약 사항: (예. 자리에 낙서가 심하면 사지 않음 등)

PART 4_부동산

임대차 계약서

임대인 (자리 주인)	
임차인 (빌리는 사람)	
주소	(　　　　　　)분단
	(　　　　　　)번
임대 기간	~　　(　　　　일간)
임대료	
계약일	20　　년　　월　　일

※ 특약 사항: (예. 자리에 낙서 금지 등)

PART 5_기부

제   호

기부왕

제   학년   반

이름: (   )

위 학생은 학급 공동체를 위해 기부 활동에
적극적으로 참여하였기에 크게 칭찬합니다.

20   년   월   일

_____ 나라 대통령 _____

달구쌤의 경제·금융교실

초판 1쇄 발행	2022년 7월 1일
지은이	천상희
펴낸이	양태회
기획책임	비상교육 교과서마케팅코어 지나윤
기획	비상교육 비교과콘텐츠기획셀 황혜정 유지명
표지디자인	㈜썸띵 써니아일랜드
내지디자인 및 편집	교육출판 세종
일러스트	써니아일랜드
펴낸곳	㈜비상교육
등록번호	제14-1654호
주소	서울특별시 구로구 디지털로33길 48 대륭포스트타워 7차 20층
대표전화	1544-0554
비바샘 홈페이지	www.vivasam.com
ISBN	979-11-6609-927-4

· 이 책은 저작권법에 따라 보호를 받는 저작물이므로 무단 전재와 복제를 금합니다.
· 이 책 내용의 전부 또는 일부를 사용하려면 반드시 저작권자와 ㈜비상교육의 서면 동의를 받아야 합니다.
· 파손된 책은 구입하신 서점에서 교환해 드리며 책값은 뒤표지에 있습니다.